KB106638

| 하 | 루 | 한 | 장 |

마음이 편해지는
반야심경의 말

※일러두기

국내에 통용되는 인명은 그대로 표기하되 괄호에 외국어표기법에 따른 발음을 병
기하였습니다.

先放手, 再放心：我從《心經》學到的人生智慧

Copyright ⓒ 吳若權

Original Book by SYSTEX CORPORATION – Delight Press

Korean translation copyright ⓒ Gilbut Publishers

Korean translation rights arranged with SYSTEX CORPORATION – Delight
Press

through Imprima Korea Agency

All rights reserved.

하 루 한 장

우뤄취안 지음
이서연 옮김

마음이 편해지는
반야심경의 말

더퀘스트

차례

자신을 사랑하라

당신이 곧 사랑이고, 사랑이 곧 당신이다.
사랑을 제외하면 아무것도 없으며 아무것도 아니다.
사랑하지 않거나 사랑받지 않는 건 모두 망념일 뿐이다.

어두운 밤길을 혼자 걷다가,
　　잔디에 앉아 운행을 멈춘 대관람차와 폐관한 놀이공원을
바라보았습니다.
　　대관람차 주변엔 붉은 등이 높게 설치돼 있었는데,
　　비행 안전을 위한 것이라고 합니다.
　　운행을 멈췄지만 어두운 밤 구름 위
　　고도를 표시하며 붉은빛을 빛내는 대관람차는,
　　여전히 기쁨과 슬픔을 가득 싣고

세상을 회전하는 것만 같았습니다. 이때 대관람차는
아무것도 없지만 이미 모든 걸 가지고 있었습니다.

용솟음치는 기쁨과 슬픔은 깊고 넓은 바다 위 파도와 같
습니다. 아무리 사납고 거친 파도도 멀리서 바라보면 안정되
고 평화로워 보입니다. 이것이 인생이고, 수행입니다.

영원한 응시 속에서는 오늘밤이 어느 밤인지를 잊게 됩니다.
멀리 은하수 맞은편에 또 다른 내가 풍파를 겪은 뒤
편안해지는 걸 바라봅니다. 과거 모든 변화가 지금의 안정이
되고, 과거 모든 허상이 지금의 평안함이 됩니다.

거울 속에 핀 꽃과 물이 비친 달은 망상이 아니다.
꽃이 시들지 않길 바라거나,
비친 달이 사라지지 않길 바라며 집착하는 게 망념이다.

아버지가 돌아가신 지 20년이 되었습니다.
명절에 성묘하던 중 묘석 양옆을 꾸민 플라스틱 꽃이
약간 시들어 있는 걸 발견했습니다. 그렇습니다.
세상에 영원한 건 없습니다. 몇 년 전에 심혈을 기울여
선택한 조화도 시들 수 있으니 말입니다.

거울 속에 핀 꽃, 물에 비친 달은 모두 수시로 변하는 무상함입니다. 하지만 거울 속에 핀 꽃과 수면에 비친 달은
실제로 존재하는 만큼, 망상은 아닙니다.
꽃이 시들지 않길 바라거나 달이 사라지지 않길 바라며
집착하는 게 망념입니다.

천 개의 강에 천 개의 달이 비친다(千江有水, 千江月).
모든 걱정은 모든 사람의 마음속 바다에 투영된다.
같은 달빛이라도 바라보는 마음은 서로 다르다.

2017년 봄이 끝나갈 무렵 어머니의 몸에서
악성 종양이 발견되었습니다. 어머니가 두 차례의
중풍을 겪었을 때처럼 저에게는 비극적인 사건이었습니다.
죽음은 우리가 상상하는 것보다 훨씬 가까이에 있었습니다.
하지만 겸허하게 받아들이고 따르는 법을 아는 덕분에
저는 절망적인 상황에서 재빨리 벗어날 수 있었습니다.
사실을 부정하거나 의심하거나 저항하지 않았습니다.
받아들이지 않으려 발악하지 않고, 따지지 않고,
조용히 관세음보살(觀世音菩薩)을 찾아갔습니다.
사찰 대웅전에 무릎을 꿇고 앉아 겸허하고 감사한 마음
으로 끝이 보이지 않는 암담한 길을 걸어갈 수 있게

자비로 이끌어달라 빌었습니다.

1년에 걸친 치료로 어머니가 다시 건강을 회복하자

저는 감사를 표하기 위해 1백 회 《반야심경》 강연을 진행했고, 지금도 계속 강연을 이어가고 있습니다.

바람에 나부끼는 나뭇잎과 같아라.

나뭇잎은 바람을 믿기에 자유롭게 날아다니고 언제든 내려앉을 수 있다.

나뭇가지에 앉은 작은 새와 같아라.

작은 새는 나뭇가지를 조건 없이 신뢰하기 때문에

편안하게 머무를 수 있고, 주저함 없이 날아오를 수 있다.

믿음이 있어야 합니다. 능력이 충분할 때는 자신을 믿고,

능력이 부족할 때는 하늘에 맡기십시오.

《반야심경》을 공부하면서 가장 깊이 깨달은 건,

어떤 일이 발생하든, 순조로운 상황이든 어려운 상황이든

쉽게 판단을 내리지 말고 겸허하게 받아들이라는 것이었습니다.

슬픔이 얼마나 크든 얼마나 원망스럽든

난관을 편안히 넘어야 생사윤회(生死輪迴)를 초월할 수 있습니다.

당나라 시대 시인 이백(李白)은 송별시에서 이런 시구를 썼습니다.

뜬구름은 나그네의 뜻이고 　　　浮雲遊子意
저무는 해는 오랜 친구의 정이다 　落日故人情

당시 이백은 친구와의 이별을 아쉬워했지만,
　인생에서 우리는 나 자신을 떠나보내야 하는 일이 더 많습니다.
　현실에서 해탈의 경지로 이르는 과정에서
　길을 헤매더라도 연연하지 않고 집착하지 않는다면
　구름처럼 자유롭게 살아갈 수 있습니다.

인생은 놀이공원과 같습니다.
　대관람차처럼 왁자지껄한 기쁨을 싣고 계속 순환하며
　한 번 또 한 번 내려놓는 법을 배워야 합니다.
　조용한 밤에 세상을 축복하기 위한 빛을 반짝이십시오.

《반야심경》을 통해서 우리는 간파하되 단념하지 않는 법,
　내려놓되 비우지 않는 법, 각도를 바꿔서 바라보는 법을 배웁니다.

만약 당신이 모든 난관을 놀이로 생각할 수 있다면
그것이 사랑의 단련이라는 걸 발견하게 될 것입니다.
사실 우리는 정말 어려운 상황에 빠진 적이 없습니다.
우리에게는 항상 비상할 능력이 있기 때문입니다.

자신의 완벽하고 아름다운 영혼을 항상 기억하세요.
더는 세상의 기준으로 비판하고 헐뜯지 마세요.
외부의 판단은 이미 충분하니
우리는 이제 자신을 아끼고 축복하는 법을 배워야 합니다.

신종 바이러스가 전 세계를 휩쓸면서 다시금 영혼의 비상을 갈망하는 이때
《하루 한 장 마음이 편해지는 반야심경의 말》을 출판하게 되었습니다.
이 책은 참회하고 감사해할 줄 아는 당신을 포함해
끝이 보이지 않는 인생의 바다를 표류하며 정박할 곳을 찾는 중생들에게 바치는 책입니다.

우뤄치안 올림

觀自在菩薩. 行深般若波羅蜜多時, 照見五蘊皆空,
관 자 재 보 살　행 심 반 야 바 라 밀 다 시　조 견 오 온 개 공

度一切苦厄.
도 일 체 고 액

舍利子, 色不異空, 空不異色, 色卽是空, 空卽是色,
사 리 자　색 불 이 공　공 불 이 색　색 즉 시 공　공 즉 시 색

受想行識, 亦復如是.
수 상 행 식　역 부 여 시

舍利子, 是諸法空相, 不生不滅,
사 리 자　시 제 법 공 상　불 생 불 멸

不垢不淨, 不增不減. 是故空中無色, 無受想行識.
불 구 부 정　부 증 불 감　시 고 공 중 무 색　무 수 상 행 식

無眼耳鼻舌身意, 無色聲香味觸法.
무 안 이 비 설 신 의　무 색 성 향 미 촉 법

無眼界, 乃至無意識界. 無無明, 亦無無明盡.
무 안 계　내 지 무 의 식 계　무 무 명　역 무 무 명 진

乃至無老死, 亦無老死盡. 無苦集滅道, 無智亦無得.
내 지 무 노 사　역 무 노 사 진　무 고 집 멸 도　무 지 역 무 득

以無所得故. 菩提薩埵, 依般若波羅蜜多故.
이 무 소 득 고　보 리 살 타　의 반 야 바 라 밀 다 고

心無罣礙. 無罣礙故, 無有恐怖. 遠離倒夢想,
심 무 괘 애　무 괘 애 고　무 유 공 포　원 리 전 도 몽 상

究竟涅槃.
구 경 열 반

三世諸佛, 依般若波羅蜜多故,
삼 세 제 불　의 반 야 바 라 밀 다 고

得阿耨多羅三藐三菩提.
득 아 녹 다 라 삼 먁 삼 보 리

故知般若波羅蜜多, 是大神呪, 是大明呪,
고 지 반 야 바 라 밀 다　시 대 신 주　시 대 명 주

是無上呪, 是無等等呪. 能除一切苦, 眞實不虛.
시 무 상 주　시 무 등 등 주　능 제 일 체 고　진 실 불 허

故說般若波羅蜜多呪, 即說呪曰, 揭諦揭諦,
고 설 반 야 바 라 밀 다 주　즉 설 주 왈　아 제 아 제

波羅揭諦, 波羅僧揭諦, 菩提薩婆訶.
바 라 아 제　바 라 승 아 제　모 지 사 바 하

해석
(당나라 현장(玄奘)법사 옮김)

관자재보살이 깊은 반야바라밀다를 행할 때 오온(五蘊)이 모두 공허하다는 걸 비추어보고 모든 고액(苦厄)을 건넜다.

사리자여, 색(色)이 공(空)과 다르지 않고, 공이 색과 다르지 않으니 색이 곧 공이고, 공이 곧 색이며 수(受)·상(想)·행(行)·식(識)도 또한 이와 같다. 사리자여, 이 모든 법의 공한 상(相)은 생겨나지 않고 사라지지 않으며, 더럽지 않고 깨끗하지도 않으며, 더해지지도 않고 덜해지지도 않는다. 고로 공에는 색이 없고, 수·상·행·식도 없다. 눈·귀·코·혀·몸·의식도 없으며, 색깔·소리·냄새·맛·촉각·법도 없다. 이에 안계(眼界)가 없고 더 나아가 의식계(意識界)도 없다. 무명(無明)도 없고, 또한 무명이 다하는 것도 없다. 더 나아가 늙어 죽는 것도 없고 늙어 죽음이 다하는 것도 없다. 고(苦)·집

(集)·멸(滅)·도(道)도 없고 지혜도 없고 또한 얻음도 없다. 얻는 바가 없으니 고로 보리살타는 반야바라밀다에 의해서 마음에 걸림이 없다. 걸림이 없으므로 두려움도 없다. 전도(顚倒)와 몽상(夢想)에서 멀어지게 되어 완전한 열반에 이른다.

삼세(三世)의 모든 부처는 반야바라밀다에 의지해 아뇩다라삼먁삼보리(阿耨多羅三藐三菩提)를 얻는다.

그러므로 반야바라밀다는 아주 신묘한 주문이자 밝은 주문이자 더 위가 없는 최고의 주문이자 무엇과도 비교할 수 없는 주문이라는 걸 알아야 한다. 이에 모든 고통을 없앨 수 있고 진실하여 헛되지 않다. 고로 반야바라밀다 주문을 말하니, 즉 주문을 읊는다. '아제 아제 바라아제 바라승아제 모지사바하.'

PART 1
자신을 사랑하기 위한 첫걸음

사람은 누구나 자신만의 독특한 사명을 가지고 세상에 왔다.
다양한 사람을 만나고 여러 일을 겪으며
서로 얽매이게 되는 것이 모두 인연이다.
출발에서부터 귀로까지 천 개의 풍경을 거쳐
사랑의 무한한 가능성을 전개해가자.

| 관 | 자 | 재 | 보 | 살 |

觀自在菩薩

관 자 재 보 살

가장 아름다운 첫마디

자비는 가장 넓은 사랑이자 가장 고귀한 지혜다.
가까운 사이든 먼 사이든 아무 조건 없이
공감하고 사랑하는 것이야말로 진정한 지혜다.

몇 년 전, 어머니의 복을 기원하기 위해 1백 회 대중 강연을
열면서 《반야바라밀다심경》(이하 《심경》)의 중요하고 오래된
지혜를 현대 생활에 응용했으면 하는 바람을 가졌다.

매번 강연이나 강의를 할 때면 '관자재보살(觀自在菩薩)'이라
는 첫마디에서부터 시작하게 된다. 언제 어디서든 나지막이
이 경문을 낭송할 때마다 나는 세상 모든 일과 사물에 대해
공경의 떨림을 느끼면서 겸손하고 자비로워진다.

'관자재보살'로 시작되는 《심경》은 현장법사가 이 책을 읽

는 모든 사람에게 주는 가장 아름다운 축복이자 가장 좋은 깨우침을 담고 있다. 마치 부처가 우리 모두에게 당신의 깨달음을 보여주고, 우리 내면에 잠재된 가장 아름다운 부처님의 마음(佛性 불성)을 떠올리게 해주는 듯하다.

자신을 미워하지도 다른 사람을 원망하지도 말라.
항상 이 본연의 완벽한 사실을 상기해야
모든 깨달음은 비로소 의미를 가지게 된다.
그렇지 않으면 가장 훌륭한 눈을 가지고 있어도
진정한 세계를 볼 수 없다.

자비를 잃게 되면, 인체의 오관(五官 눈, 코, 귀, 혀, 피부)과 육감(六感 직감적 정신)이 주관적인 의식에 조종당하는 것처럼, 진실하지 않은 안경을 쓰고 왜곡된 인생을 보게 된다. 당신은 그것이 진실이라 생각하겠지만 사실은 환상에 지나지 않는다.

상대방이 미련하고 바보스럽고 무능하게 보인다면 이미 자비심이 사라진 상태다. 이럴 때는 곧바로 자신을 돌아보고 자각할 줄 알아야 한다.

'나는 왜 다른 사람을 비판하려 하는 걸까?
나의 내면에 있는 어떤 불안을 드러내는 건 아닐까?

내가 스스로를 미워하고 있는 건 아닐까?

어떤 진실을 대면하기 두려워 그러는 건 아닐까?'

이러한 자각을 통해서 우리는 자비를 깨닫게 된다.

지난날을 돌이켜보면 학창 시절, 군 생활, 직장 생활을 할 때나 현재 겸직으로 매체에서 일할 때나 나는 항상 운이 좋게도 가장 똑똑한 사람과 함께 배우고 일할 기회를 가질 수 있었다. 나는 그들이 '성공의 길'을 달리는 모습을 보았고, 그중 몇몇은 능력을 발휘해 혀를 내두를 만큼의 성과를 이루기도 했다. 그래서 아주 짧은 시기이기는 했지만 열등감에 사로잡힌 적도 있다. '나는 어째서 저들의 10분의 1만큼도 똑똑하거나 능력 있지 못한 걸까?'

다행스럽게도 그 후에 나는 진정으로 '큰 지혜'를 가진 사람들을 만날 기회를 가질 수 있었다. 종교계 지도자, 사업에 성공한 뒤 선행을 베푸는 데 전념하고 있는 선배, 소소한 일상을 살아가는 이름 모를 시민······.

그들을 만나면서 나는 비로소 학업 성적이 뛰어나거나 돈을 많이 번 사람은 그저 '성공하는 지식을 알고 있을 뿐'이라는 걸 깨닫게 되었다. 이러한 지식은 분명 물질적인 풍요와 화려한 명성을 가져다주지만 때로는 인생의 지혜를 얻는 데 장애가 되기도 했다.

자비를 잃은 눈은 마치
진실하지 않은 안경을 쓰고
매사를 왜곡해 보는 것과 같다.

따뜻한 마음을 가진 사람은
타인의 괴로움도 멈추게 한다

가장 큰 지혜는 단순히 똑똑함이나 유능함으로 자신의 사업이나 인생에서 성공했다고 해서 얻어질 수 있는 게 아니다. 항상 자신과 다른 사람의 처지를 살필 줄 알고, 다른 사람의 입장을 공감할 줄 알며 자비로운 마음으로 중생을 대할 수 있어야 얻어진다.

나는 다년간 공부하면서 자비는 수행에 입문하는 첫 번째 과목이자 성불의 가장 기초가 되는 관문이라는 점을 깊이 깨닫게 되었다. 자비심이 없다면 총명하고 능력이 있어도 부질없으며, 심지어 사업에 성공한 방법이 결국에는 인생을 망치게 할 수도 있다.

불교 학문을 연구하는 전문가들은 《심경》의 첫 구절인 '관자재보살'에 두 가지 뜻이 있다고 주장한다. 첫 번째는 '관자재보살'이라는 보살이 우리에게 잘 알려진 관세음보살이나 관음보살이라는 것이다. 그리고 두 번째는 '중생도 수행하면 열반에 이르는 완벽한 지혜(般若 반야), 구속 없이 자유로운 상태(自在 자재)에 도달할 수 있다'는 이야기다.

이처럼 260자로 구성된 《심경》의 각 경문에는 피상적인 것에서부터 본질적인 것까지 모든 내용이 조리 있고 정연하게 설명되어 있다. 중생이 삶의 본질을 깨닫도록 '인생관'에서부터 '우주관'까지 두루 해석하고 '보살의 경지'에서부터 '부처의 경지'까지 배울 수 있게 해준다.

그러니 《심경》은 구조가 치밀하고 짧지만 심오한 내용을 담고 있는 경전이라 할 수 있다. 이처럼 민간에 널리 전파된 불교는 단순히 교의를 넘어 인생의 태도, 처세의 철학에도 응용될 수 있다.

'관자재보살'은 삶의 모범이자 축복이다.

따뜻한 마음을 가진 중생이라면
누구나 수행을 거쳐 자비와 지혜를 가진 보살이 될 수 있다.
자신의 근심을 없앨 뿐 아니라 다른 사람의 괴로움도 멈추게 할 수 있다.
그러니 근심, 이기심, 두려움에 휘둘리지 않는 자유로운 인생을 살도록 하자.

자신을 알아야만
몸과 마음이 편안하다

'관자재보살'을 《심경》의 첫 구절로 삼은 데는 세상 사람들에게 전달하고자 하는 중요한 이치가 담겨 있다고 생각한다.

먼저 자신을 알아야만 비로소 몸과 마음이 편해질 수 있다. 젊을 때 자신의 타고난 자질과 열정을 찾아야, 자기 생각과 말이 일치되게 행동할 수 있다. '자신에 대한 탐색'을 이번 삶의 여정의 출발점으로 삼아 자신의 가장 독특한 재능을 찾고, 그것으로 이 세상에 공헌하도록 하자.

그리고 그런 뒤에는 자신을 내려놓는 법을 배워 얽매이는 게 전혀 없는 완전한 자유를 가질 수 있어야 한다. 만일 그렇지 않으면 나이가 들어서 세상의 일에도 성과를 내지 못하고 영혼도 성장하지 못해 인생이 마지막에 어디로 향하는지 알 수 없게 된다. 항상 삶에 의문을 품고 있지만, 결코 답을 찾을 수 없다. 마음속에 고민만 쌓이게 되는 것이다.

일반적으로 내려놓는 법을 모르는 사람은 지인이 심각한 병에 걸리거나 자신이 '생로병사'의 과제에 직면하게 되면 하루종일 두려워하고 불안해한다. 몸과 마음을 편안하게 할 방법을 찾지 못하고 영혼의 출구를 깨닫지도 못한 채 머지않아 잃게 될 육체만 붙들고 두려움에 빠진다. 만약 정말로 이러한 단계에 이르게 된다면 인생 공부를 다시 해야 한다! 어쩌면 다음 생애에 다시 세상에 나와서 새롭게 공부를 해야 할 수도 있다. 이렇게 끝없는 윤회에 빠진다면 삶을 낭비하는 것이니 정말이지 안타까운 일이다.

진정으로 자신을 사랑하려면 깨달아 몸과 마음을 편안하게 할 수 있어야 한다. 자신을 탐색하고 자신을 찾은 뒤에는 자신을 내려놓아라.

배워서 능력을 펼치고 물질을 소유하고 누리고 살면서 세상이 더욱 풍요로워질 수 있도록 공헌하도록 하자. 그렇게 이번 삶의 여정에 주어진 사명을 완성한 뒤에는 구름처럼 얽매임이 없이 자유롭게 세상을 노니는 체험을 하도록 하자.

말과 생각이 일치하면
몸과 마음이 자유로워진다!

틀린 것, 나쁜 것, 옳지 않은 것을 두루 경험하라

요즘 청년들은 "세 가지 관점을 새롭게 바꾸겠어!"라는 말을 유행어처럼 자주 사용한다고 한다. 그래서 내가 30대 동료들에게 '세 가지 관점'이 무엇이냐고 물어보니 '인생관', '가치관', '세계관'이라는 답변을 얻었다.

'인생관', '가치관', '세계관'은 물론이고 '우주관'까지 우리는 일상생활에서 '관(觀)'이란 글자를 자주 사용한다. 이처럼 '관'이란 글자는 우리 자신이나 어떤 일이나 인생에 대한 견해를 표현하는 데 사용된다. 하지만 이보다 더욱 중요한 것은 '관'이란 글자가 개인이 독창적인 관점을 통해 내면의 깨달음을 드러내는 데도 사용된다는 점이다.

통신과 매체가 발달함에 따라서 지금 우리는 정보가 폭포수처럼 쏟아지는 시대 속에서 살아가고 있다. 그리고 이러한 정보들은 하나같이 다양함, 신속함, 강렬함, 자극적, 단편적…… 등의 특징을 지니고 있다.

이처럼 폭포수처럼 쏟아지는 정보 중에는 진실도 있고 거짓도 있다. 더욱이 PPL 광고가 일반화된 비즈니스 업계에서는 전문적인 뉴스에서도 많은 정보가 고의로 조작되거나 왜곡된다. 그래서 신종 코로나바이러스가 전 세계에 유행했을 때 대만 전염병 지휘 센터에서는 거짓된 정보를 규명하고 올바른 정보를 알리기 위해 많은 인력과 물자를 투입해야 했다. 매일 쏟아지는 진짜 정보와 거짓 정보 사이에서 우리가 사실관계를 신중하게 밝히려 하지 않으면 진실과 거짓 사이에서 쉽게 균형을 잃게 된다.

독립된 생각을 가지는 게 이전 그 어느 시대보다 중요하면서도 힘들어졌다.

공개석상에서 주관 없이 다른 사람의 말을 따라 하는 전문가들을 자주 볼 수 있다. 이들의 말은 항상 이치가 맞는 것처럼 들리지만 거짓을 진짜처럼 말하는 것일 뿐이다. 그러므로 우리는 거짓과 진실을 가려내기 위해 외부의 것을 다양하게 보고 듣고 체험하면서 '환상'의 공간에서 벗어나 다양한 세상을 더욱 깊이 체험해야 한다.

우리는 사람으로 태어나 살아가는 이상 배우는 과정에서 '틀린 것', '나쁜 것', '옳지 않은 것'을 두루 경험해봐야 한다.

그래야만 비소로 '맞는 것', '좋은 것', '옳은 것'이 무엇인지를 알 수 있다.

마치 감기나 질병에 걸려 앓고 난 뒤에 건강의 중요성을 다시금 깨닫게 되는 것과 같다. 칠흑같이 어두운 밤에야 비로소 빛나는 별을 볼 수 있다. 낮에는 강렬한 태양 빛에 별의 존재가 가려진다. 만일 낮만 계속 이어지는 세상 속에서 산다면 우리는 하늘에 별이 빛나고 있다는 사실을 영원히 알지 못할 거다.

낮만 이어지는 세상 속에 산다면
어떻게 별이 반짝이는 밤하늘을 알 수 있을까?

스마트폰을 보다가 잠들려 할 때 순간 고독하다면

신종 코로나바이러스가 유행하기 전, 오랜 시간 품어온 꿈을 이루기 위해 국내 여행을 시작하거나 세계 여행을 떠난 사람들이 많았다. 게다가 이들 중에는 아끼고 아껴서 돈을 모아 여행을 떠난 사람들도 있었다.

나는 다행스럽게도 서른 살 이전에 30개국을 여행해보았다. 이렇게 다양하고 풍부한 여행 경험을 한 끝에 한 가지를 발견했다.

바깥세상으로 한 발자국 내디딜 때마다
내면의 깊은 곳으로 한 발자국 더 가까워진다.
우리는 집에서 멀리 오래 떠나 있을수록 집의 모든 걸
그리워하게 된다.

어쩌면 몸이 돌아갈 수 없는 그 순간에 마음은 그리워하는 집과 진정으로 하나가 되는 걸지도 모른다.

지난 몇 년 동안 신종 코로나바이러스가 유행하면서 여행을 가는 게 이전처럼 쉽지 않게 되었다. 심지어 자기 내면을 돌아보는 것보다 여행을 가는 게 더 어려워진 것 같다. 하지만 한편으로 생각해보면 봉쇄되어 여행 가기가 어려워진 이때가 자기 내면 깊은 곳을 돌아보고, 번뇌를 내려놓고 피안(彼岸, 이승의 번뇌를 해탈하여 열반의 세계에 도달하는 일-역주)에 이르는 연습을 할 가장 좋은 시기가 아닐까?

외부 환경이 봉쇄될수록 내면의 세계가 자유로워지도록 단련할 수 있는 가장 좋은 시기가 된다. 그래서 나는 지금이 가장 혼란스러운 시대이자 진심(眞心, 번뇌와 망상이 일어나지 않는 본래의 마음-역주)을 회복할 가장 좋은 시기라고 생각한다.

잠자리에 누워 스마트폰을 보다가 잠들려 할 때 순간 고독하다는 사실을 깨닫고는 밤이 깊도록 뒤척이며 잠들지 못하는 경우가 많다. 잠들지 못하는 게 반드시 나쁘다고 할 수는 없다. 그때가 아마도 가장 맑게 깨어 있는 시간일 거다.

핵심은 침대에 누운 채 잠드는 데 전혀 도움이 되지 않는 걱정을 계속할지, 아니면 침대에서 일어나 인생의 각종 문제를 해결하려 할지에 있다.

도대체 번뇌란 무엇일까? 우리는 어째서 사람과 일로 말미암아 괴로워하면서도 그것을 내려놓지 못하는 걸까?

  잠이 들 수 없을 때 걱정에 사로잡혀 있어서는 안 된다.
  오히려 자신의 번뇌를 명확하게 인지하고
  지금의 상황을 받아들이는 시도를 해봐야 한다.
  부정과 거부를 중단하고 겸허한 마음으로 지금의 상황을
받아들일 때
  자신과 화해하는 방법을 찾을 수 있다.

자기 상황을
명확히 바라보는 것부터

우리의 인생은 수시로 변하는 탓에 어디로 흘러갈지 알 수가 없다. 그래서 사람들은 예측할 수 없다는 이유로 불안해하고 초조해한다. 심리학에서 초조함을 해결하는 첫 번째 방법은 자신에게 '뭘 걱정하는 거지?'라고 물어보는 거다. 걱정의 배후에는 항상 두려움이 있다. 그러니 깊은 내면으로 들어가 두려움을 찾아내야 비로소 자신을 명확하게 볼 수 있다.

《심경》의 첫 번째 문장인 '관자재보살'에서 '관' 자에는 여러 가지 의미가 있다. 그중에서 가장 중요한 의미는 내면의 깨달음이다. 견문이 넓고 아는 게 많아도 인생에 대한 통찰이 부족하면 반드시 내면을 공부하고 자신의 마음을 살펴야 한다.

그래야 비로소 살면서 겪은 일들을 완전히 이해하고 진상을 명확히 파악할 수 있다. 그리고 마침내 만난 사람들과 겪은 일들 사이의 인연을 이해하고 분발하는 방법과 내려놓는 방법을 배울 수 있다.

처음 시작하는 단계에서는 감각기관에 의지해야 비로소 몸과 마음이 발전할 수 있다. 하지만 어느 날 영혼이 성장해 지각이 식별하는 모든 걸 뛰어넘게 되면 지각을 내려놓을 수 있다. 걸을 줄 모르는 아이가 '보행기'에 의지해 걷는 연습을 하다가 스스로 걸을 줄 알게 되면 '보행기'가 필요 없어지는 것처럼 말이다.

진정한 깨달음은 자신의 상황을 명확하게 보는 것이다. 현재의 매 순간 자신의 위치가 어디인지, 이유가 무엇인지, 원하는 게 무엇인지, 옳은 게 무엇인지, 하려는 게 무엇인지를 알아야 한다! 그런 뒤에 완전하게 내려놓아야 비로소 공무(空無, 내 것이라는 관념이 없는 것을 공이라 하고, 주체로서 나의 집착이 없는 것을 무라 한다-역주)의 경지에 도달할 수 있다.

마음은 바로 이때 자유롭게 날아오를 수 있다.

《심경》은 '인생관', '가치관', '세계관' 뿐만 아니라 '우주관'까지 다루고 있다. 게다가 '삼세인과론(三世因果論, 과거·현재·미래에 걸쳐 이어지는 원인과 결과-역주)'에서부터 '공무'까지 인생의 실상을 볼 수 있게 해주고 이로써 중생이 집념을 버리고 '보살'의 경지에 이르러 최종적으로 자기 안의 부처를 깨울 수 있게 해준다.

인생의 건널목에 서서 더없이 넓은 하늘 끝을 바라보며 내면에서부터 완벽하고 자유로운 본성을 깨닫는다면 후회 없는 인생의 여정을 시작할 수 있지 않을까?

《심경》을 읽는다는 건 철학과 지혜가 가득 담긴 인생의 지침서를 읽는 것과 같다. 《심경》은 세상을 분주히 돌아다니며 바쁘게 살아가는 우리가 자신이 가야 할 방향을 잃지 않게 해준다.

자신의 내면 속 두려움을 마주하고
자신의 상황을 명확히 바라보는 일은
후회 없는 인생을 사는 첫걸음이 된다.

필터 효과 카메라가 주는 깨달음?!

'관자재보살'의 '관(觀)' 자에는 다양한 의미가 있다.

그것은 일종의 관점, 태도이자 풍격, 이념이면서 또 삶의 철학이다.

요즘에는 사진기를 대신해서 스마트폰으로 재미있는 장면을 촬영하거나 렌즈를 전환해 셀카를 찍는다. 편집할 때도 내장 소프트웨어 필터를 사용해서 조명을 바꾸어 손쉽게 '자신이 좋아하는 효과'를 만들어 낼 수 있다.

여기서 '자신이 좋아하는 효과'라는 부분을 작은따옴표로 강조한 이유는 이것이 때로는 고질적인 습관과 집념을 의미하기 때문이다.

자신이 좋아하는 게 옳거나 좋은 걸 의미하지도 않고 자신이 싫어하는 게 옳지 않거나 나쁜 걸 의미하지도 않는다. 게다가 이 세상에는 다양한 사람들이 살아가고 있다. 그들 역시 각자 '자신이 좋아하는 효과'가 있다

영혼의 학습에서 진정한 '관'은 자신이 보는 것뿐만 아니라 다른 사람이 보는 걸 체험하고 이해하는 것까지 포함한다. 서로 보는 것에 차이가 있더라도 포용하고 받아들이면 비로소 자신의 시야에 국한되지 않고 더 넓은 세계를 볼 수 있다.

이것은 아주 뛰어난 체험이자 연습이다. 이처럼 《심경》 첫 번째 구절인 '관자재보살'의 '관' 자는 일상생활에서 다양한 비유와 지도를 통해 '진상'과 '망상(妄相)'을 점차 구분할 수 있게 해준다.

눈으로 보이는 게 반드시 진짜인 건 아니다. 그리고 진짜가 반드시 눈에 보이는 것도 아니다.

만약 항상 특정 각도와 필터만 사용해 사람과 사물을 바라보려 한다면 똑같은 효과만 보게 된다. 반대로 우리가 자신의 견해를 가지게 된 뒤에 다른 사람의 입장에 서서 다른 시야로 보려 한다면 똑같은 사람과 사물도 다르게 볼 수 있고, 우리의 마음도 활짝 열리게 된다.

많은 수행자가 자기반성인 '통찰 명상(Vipassana)'에 힘을 쏟는 데 여기에는 아주 중요한 의미가 담겨 있다. '통찰 명상'은 자신이 기존에 가지고 있는 주관적인 의식을 내려놓고 자

연, 자신, 몸과 마음의 끊임 없는 변화를 있는 그대로 관찰하는 것이다. 무상함을 철저하게 체험하고 사심 없이 삶의 실제 모습을 통찰한다.

세상을 관찰한 뒤 내면을 통해 자신을 바라보고 마지막으로 삶의 공무를 깨우쳐야 한다. '관'은 '관찰'에서 '견해'로 다시 '풍격'에서 '철학'에 이르는 것이다.

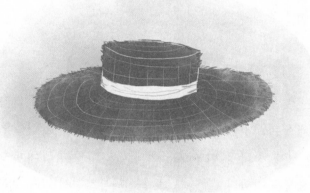

항상 특정 필터만 사용해서 보면
똑같은 세상만 보게 된다.
반대로 자기만의 관점을 가진 뒤
다른 입장에서도 보려 하면
똑같은 세상도 다르게 볼 능력이 생기고,
우리의 마음도 활짝 열린다!

의견을 간단명료히 말하면 품격이 달라 보인다

나는 출판업계에 발을 들이고 얼마 지나지 않아 몇 권의 책이 베스트셀러에 오르는 행운을 누릴 수 있었고 덕분에 동남아시아, 중국을 비롯해서 여러 나라의 기자들에게 인터뷰 요청을 받았다. 그 당시 내가 인터뷰하면서 가장 힘들었던 순간은 기자에게 '선생님의 인생관을 말씀해주실 수 있나요?', '애정관에 대해 간략하게 설명해주실 수 있나요?'라는 질문을 받을 때였다.

이런 질문에 답하는 건 쉽지 않은 일이다. 이처럼 범위가 넓은 문제의 경우 자신의 견해를 명확하고 구체적으로 드러내기 위해선 오랜 시간을 할애해야 한다. 그러니 5분이라는 짧은 시간 안에 설명한다는 건 정말이지 쉽지 않은 일이다.

그래서 나는 반대로 기자에게 질문했다.

"이 질문에 몇 글자를 할애할 계획이십니까?"

그러자 기자가 진지하게 대답했다.

"50글자를 넘지 않을 겁니다!"

그래서 내가 말했다.

"사랑은 연날리기와 같습니다. 연줄을 풀어야 할 때와 당겨야 할 때를 알면 연을 더 높이 멀리 날릴 수 있습니다!"

그것은 당시 내가 사랑에 대해 가지고 있던 견해였다. 지금도 매체에서 요구하면 짧게 요약해서 설명하기는 하지만 감정이 그렇게 단순하다고 생각하지는 않는다. 해당 답변은 당시의 내가 관련 질문에 대답하기 위해서 아주 짧게 나의 관점을 드러낸 것일 뿐이다.

만일 지금 누군가가 같은 질문을 한다면 아마도 "사랑은 두 사람이 전생에서부터 현생까지 오랫동안 헤어져 있다가 다시 만나는 수행입니다!"라고 대답할 거다.

어떤 대답이든 옳고 그른 건 없다. 다만 소통의 출발점으로써 상대방이 나의 견해를 어느 정도 알게 할 수 있을 뿐이다.

관점은 독창적이어야 영향력을 가진다

그로부터 여러 해가 지난 뒤 생각해보니 어떤 일에 대해 자신의 견해를 짧고 굵게 표현해 제한된 시간 안에 자신의 관점을 명확히 전달하는 건 삶에 무척이나 필요한 연습이었다.

사실 이뿐만 아니라 인터넷을 통해 자신의 독창적인 관점을 빠르게 공유해 현재나 후대에 약간이라도 도움을 줄 수 있다면 가치 있는 공헌이라 할 수 있다. 더욱이 지금은 창의성이 중요한 시대인만큼 독창적인 관점을 가지고 있으면 대중의 시선을 끌 수 있을뿐더러 아주 큰 영향력을 발휘할 수 있다.

묘사하고 표현하는 걸 아주 잘하지 않는 이상 독창적인 관점일수록 명확하게 말로 표현하기가 어렵다. 게다가 명확하게 설명한다고 해서 반드시 인정받을 수 있는 것도 아니고,

인정받을 수 있는 관점이라 해도 시간의 시험을 이겨낼 수 있는 건 아니다.

그러니 독창적이면서 좋은 방향으로 발전할 수 있는 건설적인 관점이어야만 세상에 널리 전해져서 시간이 지날수록 점점 더 새로워지고 거대한 영향력을 가질 수 있다.

아카데미상을 수차례 받은 세계적인 영화감독 이안(李安)은 다음과 같이 말했다.

"영화는 단순히 여러분을 어둠 속으로 데려가는 게 아닙니다. 어둠 안으로 들어가 그 속에서 검증해보고 다시 햇살 아래로 돌아간다면 여러분은 자기 삶을 어떻게 대해야 하는지를 알 수 있습니다."

그의 짧은 말에는 평생에 걸친 영화에 대한 사랑이 담겨 있을 뿐만 아니라 돌이켜 생각해 볼 만한 인생철학이 담겨 있다. 이렇듯 '관'은 자신과 타인과 세상 모든 일과 사물에 대한 견해이자 일종의 태도, 풍격, 이념이면서 또 삶의 철학이다.

한 사람의 몇 마디는
내면을 대표한다

나는 강연할 때 청강생들과 소통하는 걸 즐긴다. 그래서 Q&A(질의 문답) 시간에는 특히 활력이 넘친다. 또 자주 강연을 신청해 듣기도 하는데, 배우는 입장에서 질문할 적당한 기회가 없거나 질문하기 어려울 때는 다른 사람의 질문에 귀를 기울인다. 그럼 꼭 내가 질문한 것처럼 강사의 답변에서 많은 지혜를 배울 수 있다.

하지만 강사일 때나 청강생일 때 종종 '당신의 인생관은 무엇인가요?', '감정에 대한 관점을 설명해주실 수 있나요?'라는 질문을 받는다. 이 질문을 더 쉽게 대화체로 풀어보면 '인생에 대해 어떤 견해를 가지고 계십니까?', '감정에 대해 어떤 견해를 가지고 계십니까?'라고 말할 수 있다.

이런 질문은 대답하기가 쉽지 않다. 아마 진지하게 대답하려 한다면 두 시간 동안 말을 해도 다 할 수 없을 거다. 하지만 강사든 청강생이든 현장에서 두세 마디로 짧게 요점을 밝힐 수만 있다면 깊은 인상을 남길 수 있다. 그리고 상대방의 한두 마디 말에서 드러나는 가치관을 통해 우리는 상대방이 가장 중요시하는 게 무엇인지를 추측해볼 수 있다.

'인생은 꿈과 같다', '현재를 살아야 한다', '사랑은 영원하다'와 같은 짧고 간결한 대답에서도 우리는 그 사람의 가치관을 짐작해볼 수 있다.

예를 들어 '인생은 꿈과 같다'라는 말은 글자 그대로의 의미를 담고 있지 않은 만큼 여기서 말하는 꿈이 무엇인지, 꿈에 어떤 의미가 있는지 고민할 필요가 없다. 이 말은 사실 인생은 꿈과 같으니 '너무 계산적인 사람이 되지 말라'라는 충고의 의미를 담고 있을 뿐이다. 또 '현재를 살아야 한다'라는 말의 경우 '일어나는 모든 일을 기꺼이 받아들여야 한다'라는 뜻이 담겨 있고, '사랑은 영원하다'라는 말에는 '모든 만남을 소중히 하라'는 격려의 의미가 있다.

참신한 관점에 숨은
귀중한 기능

최근 몇 년 동안 다양한 인생의 경험을 한 뒤에 나는 독창적인 관점이 자신의 입장을 설명하고 다른 사람의 처지를 이해하는 것뿐만 아니라 더 귀중한 기능을 하고 있다는 걸 알게 되었다. 바로 인생의 일들을 고유한 관점으로 해석하는 데도 쓰일 수 있는 점이다.

좌절이나 역경을 만났을 때
만약 참신하고 유익한 견해를 찾을 수 있다면
고통이나 실의에 빠진 사람을 일깨워줄 수 있다.
고개만 돌리면 피안이라는 뜻의 '회두시안(回頭是岸)'과 같은
깨달음을 통해 더는 슬픔의 늪을 헤엄치지 않고
영혼 성장의 여정에 나설 수 있다.

예를 들어 이혼은 결혼이 실패했다는 의미가 아니다. 이혼은 두 사람이 결혼 생활 동안 자신이 정말로 원하는 게 무엇인지를 깨닫고 더는 함께 성장해갈 수 없다는 걸 발견하게 되면서 서로가 각자의 삶을 살 수 있도록 해주는 것이다.

과거 13년 동안 연속으로 세계 최고 부자에 올랐던 마이크로소프트 창업자 빌 게이츠(Bill Gates)는 65세의 나이에 갑자기 아내 멜린다(Melinda Gates)와 이혼을 발표했다. 그렇게 두 사람은 27년의 결혼 생활을 끝냈다. 갑작스러운 소식에 각종 추문이 들끓었지만, 나는 개인적으로 두 사람의 용기에 탄복했다. 두 사람은 남은 여생 동안 자신이 원하는 삶을 살기 위해 결단을 내린 것이다. 가진 재산과 명성을 일부 포기해서라도 더 중요한 내면의 자아를 되찾으려 이혼한 것이 과연 나쁜 일이라 할 수 있을까?

주변에서 일어나는 사건이나 자기 인생과 관련된 일에 대해서 자신만의 독창적인 견해를 가지고 있는가?

다른 사람의 관점과 비교했을 때 당신은 더 예리하거나 부드러운 관점을 가지고 있는가? 예컨대 어떤 사람이 나쁜 일을 저질러 체포되었는데, 막다른 상황에서도 끝까지 잘못을 인정하지 않는다고 해보자. 그럼 아마도 대부분은 그가 너무 오만하다고 욕하겠지만, 관점을 살짝 바꿔보면 다른 면을 볼 수 있다. 어쩌면 너무 취약해져서 두려움에 휩싸인 나머지 자기 잘못을 인정하지 못하는 걸 수도 있다.

우리는 관점을 견해라고 말하지만, 사실 견해에만 국한되지 않는다. 관점의 '관' 자와 견해의 '견' 자는 모두 눈의 시각기능을 이용해서 머리로 이해하는 것뿐만 아니라 귀로 듣고마음으로 느끼는 등 다양한 인생 경험을 두루 사용하는 것을 뜻한다. 그래야만 자신의 관점을 말할 수 있고, 다른 사람의 관점을 들어 이해할 수 있다. 그렇지 않으면 다른 사람의관점을 무턱대고 따르거나 이해하지 못한 채 무작정 반대해갈등을 겪게 된다.

반드시 눈으로 넓게 보고 집중해서 듣고 온 마음을 다해느끼며
자신의 인생 경험이 보잘것없다는 걸 겸허하게 받아들여야 한다.
그리고 자신이 상대방의 아주 작은 부분도
완전히 이해할 수 없다는 사실을 인정해야
진정으로 자아의 집념을 내려놓을 수 있다.
경청하는 법을 배우고 내면과 외면이 조화를 이뤄야 한다.

《심경》의 첫 문장인 '관자재보살'에서 '관' 자에는 깨닫는다는 의미가 담겨 있다. 이처럼 《심경》은 유한한 시간을 사

는 우리가 최대한 빨리 내면을 반성할 수 있도록 해준다. 자신을 충분히 이해해야만 겸손하게 자신을 낮추면서도 흔들리지 않는 자신감을 가질 수 있다. 삶의 이치를 통찰한 뒤 마지막에 자신을 내려놓고 우주의 진리에 따른다면 비로소 인생의 진상을 살아갈 수 있다.

참신한 견해를 지니면 좌절이나
역경 같은 인생의 일들을
긍정적으로 해석할 힘을 갖게 된다.

깊은 반야바라밀다를 행할 때

行深般若波羅蜜多時

행 심 반 야 바 라 밀 다 시

나부터 먼저
변할 때의 힘

'깊은 반야바라밀다를 행할 때'라는 문장에서
'행(行)' 자는 행동 · 변화 · 실천 · 정진의 의미다.
또 자신의 정진을 위해서 자발적으로 배우는 것인 만큼
수행이라고도 말할 수 있다.

나의 라이브 방송 시청자나 성장 강연을 들은 청강생 중에
서 배우자의 나쁜 습관을 고치기 힘들다고 하소연하는 경우
가 많다. 사실 부부간의 다툼은 아주 사소한 일 때문에 벌어
지는 경우가 많다. 이럴 때마다 나는 "먼저 자신을 바꿔볼 생
각은 없으신가요? 먼저 변화하는 모습을 보여주면 배우자도
따라서 바뀌려 할 겁니다"라고 조언해준다.

몇 년 전에 나는 '변화의 힘'을 주제로 진행하는 유명 성장

강연을 들은 적이 있다.

거기서 강사는 '스스로 변하려 수행하지 않는 건 다른 사람에 의해 고쳐지기를 기다리는 것과 같다'라는 의미심장한 말을 했었다. 우리는 누구나 살면서 오랫동안 유지해온 나쁜 습관을 지니고 있다. 만약 배움을 통해서 자신의 생활 습관, 사고방식, 행동 방식을 바꾸지 않는다면 머지않아 큰 좌절을 겪게 된다.

대부분은 좌절을 겪으면 상대방이 바꿔야 한다고 생각한다. 다른 사람을 탓하기만 할 뿐 자신을 반성하고 바꿔야 할 점이 무엇인지 깨닫는 사람은 거의 없다. 하지만 상대방이 변하길 바란다면 먼저 자신이 충분히 변해야 한다.

《심경》의 '깊은 반야바라밀다를 행할 때'라는 문장에서 '행(行)'자는 행동·변화·실천·정진의 의미다. 정리해 말하면 '행'은 정진하기 위해서 자발적으로 배우는 것이다. 그러므로 넓은 의미에서 보면 수행이라고도 말할 수 있다. 인생의 무상함 앞에서 우리는 더욱 차분한 마음을 가지고 조금 더 적극적으로 행동해야 한다.

바뀌려 하지 않는 사람은 기존의 나쁜 습관에 집착하는 게 아니라 게으름을 피우는 것이다. 물론 두 가지를 모두 가지고 있을 가능성도 있다. 집착하기 때문에 게으름을 피우거나 아니면 게으름을 피우느라 집착하고 있을 수 있다.

결심하는 걸로는
충분치 않다

청소년 시기에 나는 수영을 할 줄 몰라 체육 선생님에게 따돌림을 당해야 했다. 순조롭게 시험을 통과하기 위해서 나는 수영장 옆에 가만히 서서 다른 사람이 수영하는 자세를 관찰했다. 어떻게 물살을 가르고 발을 차는지 보고 혼자서 수영하는 법을 터득하려 했다.

그렇게 부단히 노력한 끝에 가장 쉬운 개구리헤엄을 터득해 체육 시험에 충분히 대처할 수 있었지만, 그렇게 되기까지 아주 긴 시행착오를 겪어야 했다. 계속 물을 먹으면서도 손발을 버둥대 가까스로 물에 몸을 띄우는 것까지 성공했지만, 아무리 손을 내젓고 발을 차도 앞으로 나가지 못했다.

이 경험을 통해 나는 결심하는 걸로는 충분치 않다는 점을 깨달았다. 힘써 노력하지 않으면 결심해도 결과를 얻을 수 없었다. 다행스럽게도 수영장에 있던 모르는 아저씨, 낯선 형들이 내가 물속에서 '발악'하는 모습을 보고 선뜻 나서서 도와주었다. 그렇게 몇 가지 기술을 지도받은 덕분에 나는 앞으로 나가는 법을 터득할 수 있었다.

당시 내가 애정을 가지고 열심히 가르치지 않는 체육 선생님만 탓하면서 현실을 회피하려 했다면 다양한 방법을 시도해 배우려 하지 않았을 거고 수영을 못하는 상황에서 벗어날 수 없었을 거다.

자신을 바꾸기 위해 배우고
발전하기 위해 꾸준히 노력하라.
매일 조금씩 바뀌어 나간다면
먼 훗날 엄청난 성장을 이룰 수 있다.

스스로 바뀌길 바라야, 배워서 발전하려는 시도도 의미 있을 수 있다. 과거에 집착하며 자신을 바꾸려 하지 않는다면 진정한 행동력을 갖기 어렵다. 그러니 어떤 동기로 바뀔 마음을 먹었는지가 가장 중요하다.

변화 동기 중 가장 낮은 단계는 막다른 골목에 이르러 한 가닥 삶의 희망이라도 얻기 위해서 어쩔 수 없이 변화하는 것이다. 힘들고 어두웠던 나의 청소년 시절처럼 말이다. 당시 나는 학업 성적이 너무 안 좋아서 고등학교 입학시험에서 탈락했고, 어쩔 수 없이 '재수반'에 들어가야 했다. 그렇게 한 치 앞도 알 수 없는 암울한 재수기간 동안 나는 과거 노력하지 않았던 모습이나 공부 방법을 터득하려 하지 않았던 점을 반성했고, 점차 깨우쳐 나갈 수 있었다.

반면 변화 동기 중 가장 높은 단계는 다른 사람의 행복을 동기로 삼는 것이다. 이런 변화는 개인의 이기심과 두려움을 내려놓게 하고 오랜 시간 가지고 있었던 나쁜 습관과 집념을 버리게 한다. 그리고 이러한 초월적 의식을 나침반으로 삼아 사랑과 신념을 접목하려 한다. 그 변화는 신성한 힘을 가지고 있어 아주 큰 영향력을 발휘한다.

실패보다 두려운 것은
변화를 선택하지 않는 것

내가 이전에 인터뷰한 한 기업가는 경영을 제대로 하지 못해 3천만 대만 달러(한화로 약 12억 8,800만 원 정도-역주)의 빚을 지게 된 뒤, 경영 방침과 전략을 새롭게 조정할 필요성을 깨달았다. 그는 사장이라는 신분을 내려놓고 작은 가게를 운영하기 시작했다. 그리고 다른 일을 겸직하거나 강의를 하는 등의 방식으로 돈을 벌어 조금씩 빚을 갚아 나갔다.

막다른 골목에 몰려 하는 수 없이 변화를 선택하는 모습이 불쌍해 보일 수 있다. 하지만 궁지에 몰려 결사적으로 살길을 찾을 때 비로소 반등할 기회를 가질 수 있다.

실패를 두려워하지 말라. 이보다 더 두려운 것은 실패하는 상황에서도 변화를 선택하지 않아 새롭게 시작할 기회를 놓치는 일이다.

한편 다른 사람을 위해서 변화를 선택하는 경우도 있다.

부모의 반대를 무릅쓰고 경제 사정이 안 좋은 남자와 결혼한 지인이 있다. 부모 밑에서 금지옥엽으로 자란 그 친구는 결혼 뒤 취직해 돈을 벌기 시작했고, 아이를 보모 집에 보내기 위해서 오토바이 타는 법까지 배워 모두를 놀라게 했다.

물론 그 친구가 변할 수 있었던 이유는 스스로 변화를 선택했기 때문이다. 원치 않는데도 상대방을 위해 변화하려 한다면 결국에는 상대방을 미워하게 되고, 가치 없는 일에 자신을 희생했다고 생각하게 된다. 이렇게 되면 스스로 변하려 했던 의미가 왜곡되고 만다.

또 어느 한 남자는 평소 성격이 다혈질이라서 사소한 일로 아내와 자주 언쟁을 벌였다. 어느 날 언쟁한 뒤 아내가 우는 모습을 본 그는 미안한 마음에 자신의 성격을 바꾸고 금연도 하겠다고 약속했다. 그러자 아내가 훌쩍이면서 말했다. "강산은 바뀌기 쉬워도 본성은 바뀌기 어렵다잖아. 더구나 담배는 이미 중독되어서 끊기 어려울 텐데. 나는 당신이 억지로 바뀌는 건 원치 않아." 하지만 그는 자신이 약속한 대로 실천해 나갔다.

많은 사례를 살펴본 끝에 나는 자신을 바꾸는 데 가장 중요한 건 결심이라는 사실을 알게 되었다. 스스로 변할 필요가 있다는 걸 깨닫기만 한다면, 막다른 궁지에 몰리거나 진심으로 상대방을 위해 무언가를 하려 할 때 엄청난 동력을 얻을 수 있다. 결심을 세우고, 바뀌기 위해 계속 노력하면 자기 삶을 더욱 발전시킬 수 있고 다른 사람을 더 행복하게 만들 수 있다.

'하필 어째서 저입니까?'라고
소리치고 싶을 때

받아들인다는 것이

소심한 대응처럼 보일 수 있지만, 사실은 적극적인 화해다.

더욱이 어려운 상황에서는 일찍 상황을 받아들일수록

부정적인 감정에 시달리지 않고 본래의 자리로 돌아올 수

있다.

오랜 시간 꾸준히 마음 공부를 해온 덕분에 나는 점차 《심경》의 '깊은 반야바라밀다를 행할 때'라는 문장에서 '행(行)' 자가 행동·변화·실천·정진 등 수행을 위한 노력 외에 '겸허히 받아들인다'라는 아주 중요한 격려의 의미가 있다는 걸 알게 되었다.

이 관점은 오로지 내가 개인적으로 깨달은 부분으로 《심

경》을 해석한 다른 서적에서는 좀처럼 다루고 있지 않다.

　겸허하게 인연을 받아들여야
　사방에 장애물이 가득해 나아가기 힘들다는 생각이 들지
않는다.
　모든 걸 100퍼센트 겸허하게 받아들여야
　저항하는 데 마음의 힘을 소모하지 않을 수 있다.

　좌절을 만났을 때 사람은 고개를 들어 하늘을 노려보며
신에게 '어째서 저입니까?'라고 소리친다. 하지만 원망하기보
다는 특별한 상황이 찾아온 걸 감사하게 생각하고 겸허하게
받아들인 뒤 '이 일을 계기로 뭘 배울 수 있을지'를 생각하는
게 낫다.

　받아들인다는 것이 소심한 대응처럼 보일 수 있지만, 사실
이는 적극적인 화해다. 더욱이 어려운 상황에서는 일찍 상황
을 받아들일수록 부정적인 감정에 시달리지 않고 본래의 자
리로 돌아올 수 있다. 미처 받아들이지도 않았는데 행동부
터 하면 감정적으로 반발심이 일어나 공격적으로 행동하게
된다. 하지만 공격적으로 행동하면 결국 상처 입는 건 자신
이다. 그러니 먼저 받아들이는 법을 배워서 부정적인 감정이
나 에너지를 전환하고 해소할 줄 알아야 한다.

'이에는 이, 열 배로 갚아준다!'

이 말은 일본 드라마 〈한자와 나오키〉에서 나온 크게 유행한 대사이다. 복수는 단기적으로는 힘을 북돋아 주는 효과가 있을 수 있다. 하지만 장기적으로 봤을 때 복수는 개인의 성장과 발전에 도움이 되지 않는다. 어느 날 복수할 대상이 사라질 수도 있고 복수에 성공한다 해도 그 이후에 내가 발전할 동력이 사라지기 때문이다.

받아들이는 것은 소심해서가 아니다.
내 마음을 소진하지 않고
부정적인 감정에 시달리지도 않게 하는 적극적인 힘이다.

받아들임은
소심한 포기가 아니다

내가 운영하는 유튜브 채널 '우뤄취안의 행복 책방'에서는 '겸허히 받아들인다'라는 개념을 소개하는 영상을 많이 제작했고 관련된 서적도 많이 추천했다. 어느 날 시청자가 댓글로 '겸허하게 받아들인다는 게 완전하게 받아들인다는 뜻이라면 변화할 가능성도 없는 것 아닌가요?'라는 질문을 했다.

정말이지 쉽게 접하기 힘든 좋은 질문이었다! 더구나 이 질문은 모두가 의문을 가지는 부분이었기에 나는 다음과 같이 답변해주었다.

"겸허히 받아들인다는 건 이미 발생한 모든 일을 받아들인다는 겁니다. 잘못된 곳으로 공을 던져 잃어버렸다면 편안하게 그 사실을 받아들이고 인정해야 새로운 공을 옳은 방향으로 던질 수 있습니다."

이것이 '이미 발생한 모든 일을 받아들인다'라는 말의 의미다. 만약 무작정 저항하고 거부하려 한다면 신을 향해서 '왜 내가 이런 일을 겪어야 합니까?', '원치 않는다고요!'라고 따지고, 의심하고 분노하고 부정하는 데 시간을 허비해 성장할 기회를 놓치게 된다.

인도 철학자 오쇼 라즈니쉬(Osho Rajneesh)의 《선의 영혼이 깃든 타로(Tarot Zen)》에는 '강물의 흐름을 따른다'라는 카드가 있다. 이 카드는 강물의 흐름을 바꾸려 하지 말고 강물이 흘러가는 방향에 따라 함께 흘러가라는 의미를 담고 있다.

단순한 개념이지만 아주 깊은 뜻을 담은 문구다. 여기서 강물의 흐름이라는 건 삶의 흐름을 뜻한다. 또 그것은 거역할 수 없는 진리이자 가장 높은 사랑이며 용서이고 자비다.

삶의 흐름을 겸허히 받아들여야 몸과 마음이 편안해질 수 있다. 저항하며 발버둥 치지 말고 가만히 흐름을 받아들여야 앞으로 나아갈 수 있다. 이런 행동이 아무 힘 없는 소심한 모습처럼 보이지만 사실은 충분한 연습이 있어야만 할 수 있는 행동이다.

편하게 받아들일 수 있는 사람의 마음속에는 굳건한 믿음이 가득하다. 그는 자신에 대한 확신에 차 있고, 믿음이 충만하다. 믿음이 확고해 좌절을 두려워하지 않는 사람만이 삶의 흐름에 몸을 내맡기고 자유롭게 떠다닐 수 있다.

지혜를 갖춰 두려움이 사라질 때 비로소 인생의 무상한 변화에 순응할 수 있다. 자신에 대한 확신이 없고 믿음이 없다는 건 수영을 할 줄 모르는데 물속에 빠지는 것과 같다. 두려움에 휩싸여 손발을 버둥거리지만, 오히려 물속으로 더 빨리 가라앉을 뿐이다.

오쇼 라즈니쉬는 "당신의 두뇌가 멈춰서 어떤 일도 이루고 싶지 않으면 불성에 이를 수 있다. 두뇌가 완전히 멈춰서 더는 어떤 곳에도 가지 않으면 내면으로 향하기 시작한다."라고 말했다. 여기서 두뇌는 마인드(mind)를 뜻한다.

오쇼 라즈니쉬의 뜻은 의도적으로 목적성을 가지고 영적인 것이나 신성한 것을 추구하지 말라는 거다. 이런 생각을 내려놓을 때 자기 내면을 진정하게 바라볼 수 있다.

모든 좌절은
선물이 될 수 있다

우리는 고난 속에서도 배울 수 있는 만큼
모든 좌절은 선물이 될 수 있다.
부족한 부분을 감춘 포장을 풀어 용감히 대면하고
깊이 체험해 의미를 찾는다면 지혜를 얻을 수 있다.

파구산 교단의 성옌법사는 《심경》의 '깊은 바라밀다를 행할
때'라는 문장 중 '행' 자에 '사용하는 것이다'라는 주석을 달
았다. 즉 지혜를 잘 사용하라는 건데, 이 관점을 자신을 바꾸
고 발전하는 데 응용한다면 대단한 깨달음이 될 수 있다.

설사 자신을 바꿀 결심을 하더라도 '계획 없이 용감'하기만
해서는 안 된다. 전략, 방법, 계획, 방향을 가지고 바꿔야 한
다. 그래서 나는 항상 '노력의 힘을 사용해라!'라고 강조한다.

운동과 식단을 병행해 다이어트를 하거나 나쁜 관계를 정리하거나 자신이 더 열정을 발휘할 수 있는 일로 직업을 바꾸려 할 때 실패하는 데에는 두 가지 이유가 있다.

첫 번째 이유는, 취한 사람처럼 아무 의미 없이 흐리멍덩하게 살아가며 현실을 직시하지 않기 때문이고 두 번째 이유는, 현실을 직시하고 바꾸고 싶어 하지만 방법을 모르기 때문이다.

'모른다는 것'은 스스로 깨닫는 게 부족하다는 의미다. 스스로 깨닫지 못하는 걸 다른 사람이 깨닫게 해줄 수는 없다. '자는 척하는 사람은 영원히 깨어나지 못한다'라는 말이 있다. 이 말은 아주 풍자적이면서도 사실적이다. 자는 척하는 사람은 모든 사람이 흩어져 없어진 뒤에야 아쉬운 마음을 뒤로하고 자리를 떠날 수 있다.

반면 알게 되었으나 '실천'하지 못하는 데에는 세 가지 원인이 있다. 바로 결심이 부족하거나, 노력이 부족하거나, 방법이 옳지 않은 것이다. 이때는 배움을 통해서 스스로 크게 깨달을 필요가 있다. 그렇게 된다면 '알게 될' 뿐만 아니라 '실천'할 수도 있다.

불교의 교리는 현실에서 직접 실천하고 체험해야 한다. 단순히 인생에 대한 설명서로 생각해서 탁상공론에만 그쳐서는 안 된다.

우리는 고난 속에서도 배울 수 있는 만큼 모든 좌절은 선물이 될 수 있다. 부족한 부분을 감춘 포장을 풀어 용감히 대면하고 깊이 체험해 의미를 찾는다면 지혜를 얻을 수 있다. 그런 점에서 항상 부딪치거나 트집을 잡거나 괴롭히거나 배신하는 사람은 사실 귀인일 수 있다. 그들은 당신의 용기와 의지를 단련하기 위해 하늘에서 내려보낸 천사일 수 있다.

신은 노화, 질병, 죽음이라는 세 가지 메시지를 내려보내지만, 사람들은 대부분 그 메시지를 접하면서도 깨닫지 못해 신을 이해할 기회를 놓치고 만다는 말이 있다.

'죽음'도 배움의 경험이 될 수 있다. 우리가 언젠가 죽을 거라는 사실을 용감히 받아들이고 침착하게 그 순간을 대면할 수 있는 마음의 준비가 된다면 생사의 번뇌를 초탈한 지혜를 얻을 것이다. 불교에서 죽음은 영혼이 육체를 벗고 다음 윤회를 시작하는 과정일 뿐이지 모든 인연의 끝이 아니다.

죽음조차 배움의 경험일 수 있으며
죽음은 모든 인연의 끝이 아니다.

원하는 것이 줄어들수록
신성한 축복이 많아진다

삶의 문제를 해결하는 방법은 모두 배울 만한 가치가 있다. 총명함과 재능을 발휘해 문제를 해결하는 경험을 얻어야 한다. 이렇게 얻은 작은 지혜를 잘 활용하면 번뇌의 고통에서 벗어나는 데 도움이 될 수 있다. 인생의 가장 큰 문제는 바로 '어떻게 하면 번뇌에서 벗어나 더는 마음에 고통을 받지 않을 수 있는가?'이다.

스스로 번뇌에서 벗어나거나 중생이 고통에서 벗어나 기쁨을 얻기 위해서는 가장 고귀한 지혜를 활용해야 한다. 내가 판단하기에 여기서 가장 고귀한 지혜는 바로 자비다.

자비는 가장 고귀한 지혜이자 가장 깊고 넓은 사랑이다.
자신의 몸과 마음을 자비로 대하고

지혜를 사용해 사랑과 원망을 내려놓고,

다른 사람에게 공감하는 것은

번뇌에서 벗어나는 불이법문(不二法門, 상대적이고 차별적인 걸

없앤 절대적인 진리를 나타내는 법문-역주)이다.

서로에게 공감하고 모든 일과 사물을 자비롭게 대하며 얻음과 잃음, 탄생과 죽음의 번뇌에서 벗어나면 마지막으로 지혜마저도 쓸모가 없어지고, 모든 사물의 바탕이 없어지는 공무의 경지에 이르게 된다.

마지막 모든 사물의 바탕이 없어지는 공무의 경지에 이르는 건 가장 큰 자유의 경지에 이르는 것이다. 이 경지에 이르러야 비로소 자신의 이익에 얽매이지 않을 수 있다. 원하는 것이 줄어들수록 신성한 축복이 갈수록 많아진다.

신중함과 두려움은
완전히 다르다

정말로 깊은 강은 고요하여 깊이를 가늠할 수 없고,
바다는 파도가 치지 않는 것처럼 보인다.
그러니 깊은 강과 바다를 만날 때는
조심하며 신중하게 접근해야 한다.
용기만 믿고 경솔하고 어리석게 행동하면
위험한 상황에 부닥칠 수 있기 때문이다.
그러므로 용감한 사람은 항상 신중하게 행동한다.

깊이를 중시해야 하는 이유는 겉으로 보아서는 알 수가 없기
때문이다. 겸허한 태도로 조심히 행동하고 배우려는 자세로
대해야만 실마리를 찾아 심오한 이치를 깨달을 수 있다.
　건장한 몸만 믿고 겁 없이 행동하는 게 용감한 거라 생각

하는 경우가 있는데 그것은 무모한 것이지 진정한 용기라 할 수 없다.

진정한 용기는, 신중하게 행동하며 모든 도전을 성장의 기회로 삼을 줄 아는 것이다. 아울러 보잘것없어 보이는 기회도 중요시하며 소중하게 대해 그 안에 숨겨진 풍족한 선물을 발견할 줄 알아야 한다.

만약 외면만 보고 내면은 무시한다면 아주 큰 위기를 겪게 된다. 매년 여름이 시작될 때 내가 진행하는 방송 프로그램 '메이스라이하라(媒事來哈啦 뉴스는 여기에)'에서는 청소년들에게 '물놀이를 할 때 안전에 주의하세요'라고 경고한다. 하지만 안타깝게도 매년 여름마다 물놀이 중 익사 사고가 끊이질 않는다. 이런 비극적인 사고가 되풀이되는 이유는 물의 깊이를 신중히 파악하지 않기 때문이다. 얼마나 위험한지를 모른 채 무작정 뛰어 들어가 소용돌이나 물살에 휩쓸리고 만다.

내가 인터뷰한 베테랑 구조요원들은, 익사 사고가 자주 발생하는 수역에는 '물이 깊어 위험함!'이라고 적힌 경고 표지판이 세워져 있지만 청소년들은 경고 표지판을 보지 못하고 물속에 들어가서 돌아오지 못한다고 한결같이 말했다.

아마도 '물이 깊어 위험함!'이라고 적힌 경고 표지판을 보지 못했을 수도 있겠지만, 그보다는 나는 괜찮을 거라는 생각에 들어갔을 거다. '나는 그런 재수 없는 일을 겪지 않을 거야!', '의외의 사고는 나에게 해당하지 않아'라는 생각을 가지고 겉으로는 고요하지만, 안에서는 소용돌이가 치고 있는 물속으로 뛰어 들어간다.

더욱이 날씨가 맑을 때는 경계심이 더욱 느슨해진다. 밑이 훤히 보이는 맑은 물속의 깊이를 가늠하기란 쉽지 않고, 급류가 흐르고 있다는 사실을 알아채기도 어렵다. 정말로 깊은 강은 고요하여 깊이를 가늠할 수 없고, 바다는 파도가 치지 않는 것처럼 보인다. 그러니 깊은 강과 바다를 만날 때는 조심하며 신중하게 접근해야 한다. 용기만 믿고 경솔하고 어리석게 행동하면 위험한 상황에 부닥칠 수 있기 때문이다. 그러므로 모든 용감한 사람은 항상 신중하게 행동할 줄 안다.

청소년들이 익사 사고를 겪는 이유는 친구들에게 '무서워하지 않은 모습'을 보임으로써 용기 있는 사람으로 인정받고 싶어 하기 때문이다. 하지만 이것은 잘못된 생각이다. 신중함과 두려움은 완전히 다르다. 그리고 신중하게 행동할 줄 아는 게 정말로 용감한 것이다. 신중하다는 건 상황을 파악해야 한다는 걸 알기에 조심하는 것이고, 두려워하는 건 욕망을 만족시킬 수 없는 게 싫어 계속 이해득실만 따지는 거다.

내가 만난
크게 성공한 연예인의 공통점

방송일을 하면서 나는 유명 연예인을 만날 기회가 많았는데, 진정으로 성공한 연예인일수록 친절하게 행동했다. 이것은 성공한 연예인들이 경험을 통해 단련한 경지라 할 수 있다. 그리고 우리는 그의 깊이를 이해하기 때문에 그의 겸손하고 온화한 특징을 더욱 아끼고 사랑할 수 있다.

반대로 세상 물정을 모르는 사람은 이런 존중의 선을 넘기 쉽다. 상대방이 온화한 사람이라는 이유로 거침없이 편하게 대하기 시작하면 예의를 잃게 될 뿐만 아니라 자신의 단점까지 노출하게 된다.

그래서 일부 자신감이 부족한 연예인들이 다른 사람에게 무시당하는 게 싫어서 고의로 범접하기 어려운 사람인 것처럼 행동하는 것도 이해가 된다. 하지만 이렇게 해서 팬들을 속일 수는 있어도 연예계에서 산전수전 다 겪은 동료들을 속일 수는 없다. 그래서 이런 연예인들을 보면 안타깝고 가엾다. 또 안타까운 경우는 연예인과 함께 온 홍보 담당자 중 대다수가 자신을 억지로 과장하거나 연예인의 지시를 받아 일부러 허세를 부리는 거다. 이런 경우 쉽게 간파해낼 수 있다.

나는 다양한 분야의 사람들을 만나며 여러 인성을 접한 덕분에 진정성 없는 사람들의 공통된 특징을 발견할 수 있었다. 그중에서 가장 인상 깊었던 특징 중 하나는 일부로 '수준을 헤아릴 수 없는' 사람인 척 행동하는 경우였다. 이런 사람은 오징어가 먹물을 뿌려 자신을 가리듯이 자신의 안 좋은 점을 가려서 이득만 얻으려 한다. 하지만 이런 과장된 모습은 눈에 띄기 마련이다. 다만 그의 진짜 속셈을 알면서도 굳이 지적하고 싶지 않아 다들 모른 척할 뿐이다.

내면에 에너지가 풍부한 사람일수록 태도가 겸손하다. 진정으로 용감한 사람이 함부로 부딪치거나 무턱대고 경쟁하지 않고, 신중하고 예의 있게 모든 인연을 대하는 것처럼 말이다.

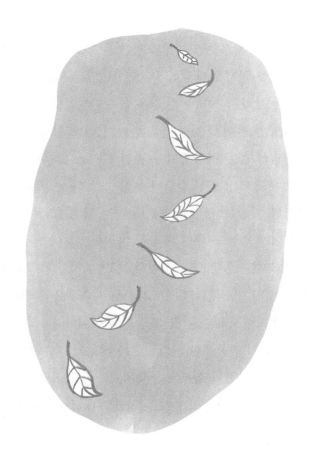

과장된 허세는 눈에 띄기 마련이다.
사람들은 진짜 속셈을 알면서도
굳이 지적하고 싶지 않아 다들 모른 척할 뿐이다.

고요해 보인다고
강과 바다를 무시하는 사람은 없다

강과 바다는 겉으로 보기에는 고요하지만 실제로는 헤아릴 수 없을 만큼 깊다. 겉보기에는 겸손하고 예의가 바른 사람이 아주 깊은 교양을 갖추고 있는 것처럼 말이다.

고요해 보인다는 이유로 강과 바다의 깊이를 무시한 채 경솔하게 행동한다면 위험한 상황이 찾아온다. 또 겸손하고 예의 바른 사람을 존중하지 않는다면 그들에게서 배울 수 있는 기회를 놓쳐버릴 뿐만 아니라 거드름 피우는 사람으로 취급받게 된다.

나는 새벽 수영하는 습관이 있는데, 여름에는 국제 경기 표준에 부합하는 야외 수영장에서 수영한다. 그럼 기존 실내 온수 수영장에서 수영할 때보다 훨씬 편안한 느낌이 든다. 야외 수영장의 면적이 넓고 깊이가 깊어서 부력이 크기 때문에 수영하기 편하다.

물의 부력 원리를 활용해 나의 힘이 얼마나 굳고 착실한지를 체험해 볼 수 있다. 깊고 넓은 수영장일수록 비교적 큰 지지를 받을 수 있다. 견실한 힘을 중요시하면 그것이 가져다주는 이점을 누릴 수 있다. 견실한 힘을 중시하지 않는 건 수면이 깊은 수영장에서 몸을 충분히 풀지 않는 것과 같다. 그럼 수영하다가 갑자기 다리에 쥐가 나게 되고, 버둥거리며 가까스로 물가까지 돌아오거나 힘들게 버티며 구조를 기다려야 한다.

그리고 계절이 바뀌어 겨울이 되면 나는 다시 규모가 작은 온실 수영장을 이용한다. 처음 갔을 때 몇 분 동안은 약간 어색하지만 금방 다시 수영장에 적응할 수 있다.

이런 경험은 아주 좋은 배움이다. 나는 이런 경험을 통해 마음 수행에서 쏟은 노력을 다른 사람을 관찰하는 데도 쓸 수 있다는 걸 깨닫게 되었다.

덕분에 나는 견실한 덕행을 가진 친구들을 항상 존중하며 얕은 지식에 갇히지 않도록 나 자신을 경계한다. 이렇게 항상 자신을 경계하고 신중하게 행동하며 더욱 심오한 이념을 추구해야 이번 인생 여정을 헛되게 하지 않을 수 있다.

상대방을 얕보는 건
자신의 얕고 좁은 안목 때문이다

어떻게 사람을 대하고 전체 인생을 바라보느냐도 배움의 태도다. 다른 사람과 함께 있을 때 상대방의 능력과 영향력을 무시해서는 안 된다. 그가 예상했던 것보다 별 볼 일 없어 보이는 사람 같아도 단숨에 파악할 수 없는 깊은 면모가 있을 수 있으니 파악하기 위해 노력해야 한다.

이 세상에서 본받을 게 없는 사람은 없다.
마음을 써서 관찰하고 애정으로 대한다면
모든 사람에게서 본받을 만한 장점을 발견할 수 있다.
상대방을 깊이가 없는 사람이라 단정 짓고
그의 내면의 영혼을 무시한다면
정말 좁고 하찮은 것은 상대방이 아니라 자신의 안목이다.

이런 이치를 인생에 대입해보면 자신을 격려해 더욱 정진해 나갈 힘을 얻을 수 있다. 자신을 긍정하고 칭찬하는 건 괜찮지만 스스로 옳고 대단하다고 생각해서는 안 된다.

이런 관점에서 《심경》의 '깊은 반야바라밀다를 행할 때'라는 문장에서 '깊은'으로 해석한 '심(深)' 자는 단순히 깊다는 뜻만 가지고 있지 않다. '심' 자를 앞에 있는 동사 '행' 자와 함께 보면 격려하는 의미가 될 수 있다. 더욱 열심히 배움에 정진하고 자신의 수행이 깊어지도록 노력해야 한다는 뜻이다. 그리고 마지막에는 반드시 이 모든 걸 초월해야 한다.

이처럼 '깊은 반야(深般若)'는 우리를 생사의 번뇌에서 벗어나게 할 수 있는 깊고 큰 지혜를 말하지, 일상생활에서 사용하는 잔머리를 말하지 않는다.

불성의 지혜는 측량하고 관통하는 데 사용될 수 있다. 그리고 우리는 이를 통해서 마침내 가장 깊은 바다는 지구 표면이 아니라 마음속에 있다는 걸 깨닫게 된다.

가장 깊은 바다는 지구 표면이 아니라
당신의 마음속에 있다.

총명함을 넘어 지혜로울 때
번뇌를 넘을 수 있다

성공해 만족하든 실패해 낙담하든
내면의 공허함을 느끼는 건 마찬가지다.
오직 더 높은 지혜만이
우리가 번뇌에서 벗어나는 데 도움을 줄 수 있다.

《심경》에서 '반야'는 음역한 글자로 '지혜'로 해석할 수 있다. 하지만 학자와 전문가들은 불교 경전에서 '반야'라는 단어를 '지혜'로 직역하길 주저한다. 그 이유는 '반야'와 '지혜'는 몇 가지 다른 점이 있기 때문이다.

만약 깊다란 뜻을 가진 '심' 자를 붙여서 '깊은 반야'로 어휘를 해석하면 더욱 쉽게 이해할 수 있다. '깊은 반야'를 생각하면 곧바로 '얕은 반야(淺般若)'가 떠오른다. 여기서 '얕은 반야'는 일상생활에서 자주 쓰이는 '잔머리'로 이해해 볼 수 있고 '깊은 반야'는 '큰 지혜'로 해석할 수 있다. 그렇다면 '큰 지혜'라는 건 얼마나 크다는 걸까? 내가 앞에서 언급했듯이 '큰 지혜'는 글자 그대로 규모를 뜻하는 게 아니라 등급에서의 차이를 말한다.

번잡한 세상의 일들은 모두 명예, 이익과 관련 있으므로 모든 기술이 추구하는 건 '얕은 반야', 즉 '잔머리'로 귀결된다. 반면 '큰 지혜'는 영혼과 관련되어 있다. 우리가 망상을 없애고 번뇌에서 벗어나도록 도와주고 삶의 실상을 볼 수 있게 해주는 것이 '깊은 반야', 즉 '큰 지혜'다.

어려서부터 성적이 좋은 사람은 대부분 총명하고, 일부 부족한 부분은 '노력을 통해 보완해' 높은 점수를 받는다. 이처럼 총명한 학생은 가진 재능을 시험과 진학에 사용하며 사람들의 부러움을 한 몸에 받는다.

반면 '노력으로 부족한 점을 보완해야만' 겨우 진도를 따라갈 수 있거나 상위권에 진입할 수 있는 사람도 있다. 이처럼 성장이 느린 아이는 자신이 덜 똑똑하거나 심지어는 멍청하다고 생각해 '노력을 통해 보완'하는 방식으로 상황을 개선하려 한다. 하지만 평생 이렇게 사는 건 아주 힘들고 가혹한 일이다.

나는 후자에 속했다. 어렸을 때 살았던 달동네에는 유치원이 없어 부모님은 내가 다섯 살 때 일찍 초등학교에 입학시켰다(이 사연은 여기서 말하기에는 너무 길다). 고향에서 초등학교에 다닐 때는 경쟁이 치열하지 않아서 학업에 뒤처진다고 생각하지 않았다. 하지만 타이베이시(台北市)에 위치한 중학교에 입학하자 다른 친구들보다 학업이 부족하다는 점을 알게 되었고 공부에 애를 먹어야 했다.

간신히 진도를 따라가던 중, 고등학교 입학시험을 보았고, 당연하게도 떨어졌다. 이후 '재수반'에서 일 년 공부하면서 나는 인생을 바꾸려면 '노력으로 부족한 점을 보완'하는 방법밖에는 없다는 걸 알게 되었다.

세상의 안목에서 보면 우수한 시험 성적을 받거나 높은 경제력을 갖추거나 사업에 성공하거나 행복한 사랑이나 결혼을 유지하는 건 대단한 일이다. 타고난 영리함으로 이룬 것이든 후천적인 노력을 통해 이룬 것이든 자신의 뛰어난 능력으로 이룬 성과인 만큼 스스로 자부할 만한 일이다.

하지만 '인생 승리자'가 될 수 있는 지식을 지혜라고 말할 수 있을까? 한 사람의 성공을 이끈 지식이 탄생과 죽음을 초월하고 번뇌에서 벗어나는 데도 도움이 될 수 있을까? 어쩌면 오히려 이런 지식이 탄생과 죽음을 초월하고 번뇌를 벗어나는 데 장애가 되는 건 아닐까?

사회면을 보면 우등생의 자살 사건이나 삶을 비관한 기업

가의 이야기나 우울증에 걸린 스타의 이야기를 자주 볼 수
있다. 이처럼 세상에서 사람들의 부러움을 한 몸에 받는 성
공한 사람들이 심리적 어려움을 이겨내지 못하는 걸 보면 총
명함을 넘어 더 큰 지혜가 있어야만 번뇌에서 벗어날 수 있
다는 걸 알 수 있다.

똑똑하지 않아도
번뇌에서 벗어날 수 있다

어린 시절 나는 시험에서 좋은 성적을 거둘 수 있기를 간절히 바랐다. 그리고 나는 왜 다른 사람만큼 뛰어나질 못할까 한탄하며 열심히 배워서 일부 능력을 얻기도 했다.

그렇게 인생의 여러 단계를 거치면서 나는 실패의 쓴맛과 성공의 단맛을 두루 맛보았고, 주변인들이 번영과 쇠락을 겪는 모습을 지켜보았다. 그리고 이런 경험을 통해서 순조롭기만 한 인생은 없으며, 모두 풍파를 겪기 마련이라는 사실을 점차 깨닫게 되었다.

설사 금수저를 물고 태어나 학업, 가정, 사랑, 사업, 결혼에서 순탄 대로를 거친 행운아라 할지라도 생로병사(生老病死)의 과정에서 희로애락(喜怒哀樂)을 겪을 수밖에 없다. 내면에 의지할 만한 데가 없으면 좌절 앞에서 쉽게 무너지고 만다.

아무리 재산이 많아도 자유롭고 편안하게만 살아갈 수는 없다.

나는 여전히 총명하거나 능력 있거나 성공한 주변 사람들을 보면 대단하다고 생각한다. 하지만 또 한편으로 그들도 일반 사람들처럼 벗어나야 하는 번뇌가 있으며, 어쩌면 일반 사람들보다 더 많은 번뇌가 있을 수 있다는 걸 알고 있다.

성공한 사람일수록 실패를 두려워하고
많은 명예와 재산을 가진 사람일수록
어느 날 모든 걸 잃을까 두려워한다.

이를 통해 시험 성적을 잘 받거나 경제력을 갖추거나 사업에 성공하거나 사랑이나 결혼을 잘 유지할 수 있는 총명함으로는 번뇌에서 벗어날 수 없다는 걸 알 수 있다. 번뇌에서 벗어나기 위해서는 더 높고 큰 지혜를 갖춰야 한다.

불교의 교리에서 말하는 지혜는 세상에서 흔히 말하는 총명함과는 다르다. 《심경》에서 '깊은 반야바라밀다를 행할 때'에서 반야바라밀다(般若波羅蜜多, 고대 인도어인 산스크리트어로 '프라즈냐파라미타(Prajnaparamita)')는 생사를 달관하고 번뇌에서 벗어나 피안에 도달하는 큰 지혜라는 뜻이다.

'반야'는 생사의 번뇌를 벗어난 숭고한 지혜를 뜻한다. '바라밀다'는 번뇌를 넘어 피안에 이를 수 있다는 의미다. 그러니 '깊은 반야바라밀다를 행하다(行深般若波羅蜜多)'라는 말은 큰 지혜로 생사의 번뇌에서 벗어나, 생겨나지도 않고 사라지지도 않는 불생불멸(不生不滅)의 피안에 이른다는 뜻이다.

일부 불교를 연구하는 전문가들은 '반야'의 깊고 얕음에 따라 다르게 응용할 수 있고 중요성에서도 차이가 있다고 본다. '얕은 반야'는 스스로 깨닫는 걸 말하고 '깊은 반야'는 스스로 깨닫고 다른 사람도 깨닫게 하는 걸 말한다는 것이다. 여기서 중요한 점은 스스로 영혼을 발전시키는 동시에 다른 사람도 자비의 큰 지혜를 얻을 수 있게 도와준다는 내용이다. 즉 타인도 열심히 수행할 수 있도록 도와주어 함께 생사와 번뇌를 초월한 피안으로 향하는 것이 깊은 반야의 의미다.

오온이 모두 공허하다는 걸 비추어 보고

照見五蘊皆空

조 견 오 온 개 공

바깥은 어두워도
마음의 빛은 내 것이다

어둠 속에서도 단계가 명확하게
이 세상을 파악할 수 있다.
과거 어둠을 경험한 사람은
약간의 빛으로도 삶의 광명을 다시 얻을 수 있다.

내 서재에는 스탠드 말고도 천장에 매립등이 네 개 설치되어
있다.

그러던 어느 날 저녁 매립등 하나가 갑자기 깜박거리더니
완전히 꺼져버렸다.

전구 수명이 다 되었을 때 재빨리 교체해야 했지만, 전구를
사서 사다리 위에 올라가 교체할 시간이 없어서 차일피일 미
루게 되었다. 아직 세 개의 매립등이 있고 책상 위 스탠드도

있으니 시간이 날 때 교체해도 상관없다고 생각한 것이다.

그렇게 한 달 넘게 지났을 무렵 또 다른 매립등 하나가 꺼지고 말았다. 이제 서재 조명 중 대략 절반만 남게 된 셈이다. 그런데도 나는 계속 게으름을 피우며 세 번째 매립등이 꺼지면 다 함께 교체해야겠다고 생각했다.

전구 두 개만 남은 채 지내는 시간은 내가 생각했던 것보다 훨씬 길었다. 3개월이 지난 뒤에야 하나씩 수명을 다했다.

세 번째 전등이 꺼질 때까지 나는 시력이 나빠질 수 있을 정도로 어둡다고 생각하지 않았다. 사다리를 타고 올라가 전등을 교체하기에는 너무 바쁘다는 등의 핑계로 계속 미루며 서재가 점점 더 어두워지고 있다는 사실을 완전히 무시했다.

그러던 중 글쓰기 진도를 평소보다 일찍 마친 어느 날 밤 하천 조깅을 했다. 저녁 열 시쯤부터 열한 시까지 조깅을 한 뒤 서재로 돌아와 불을 켜니 온 세상이 환해지는 느낌이었다.

그 순간 나는 수명이 다한 전등이 되살아났거나 마음씨 좋은 누군가가 나를 대신해서 전등을 갈아준 게 아닐까 생각했다. 하지만 고개를 들어 천장을 바라보니 여전히 전등 두 개만 켜져 있었다. 그런데도 서재가 평소보다 밝게 느껴졌던 것이다.

그 이유를 생각하던 중 나는 어두운 밤에 한 시간 정도 조깅하면서 어둠 속 사물을 명확히 보기 위해 동공이 어둠에 적응했다는 사실을 떠올렸다. 그래서 서재에 불을 켰을 때 아직 동공이 빛에 적응하지 못해, 어두운 서재가 순간 밝게 느껴졌다.

또 유산소 운동인 조깅을 하면서 전신의 긴장이 풀어지고 시신경이 이완되어 서재의 빛이 더욱 밝게 느껴졌다.

이때 나는 비로소 깨달았다.

우리는 빛에 반응하고 밝기를 판단하는 데
여러 복잡한 요소의 영향을 받는다.
몇 개의 전구뿐만 아니라
신체적, 심리적 조건도 환경을 판단하는 데 영향을 준다.

이를 통해서 다른 사람이나 일을 판단할 때 주관과 객관이 함께 영향을 미친다는 걸 알 수 있다. 그러니 관찰한 결과가 서로 다를 경우에는 신중하게 대해야지 함부로 단정 지어서는 안 된다. 각도, 공간, 입장에 따라 견해가 완전히 달라질 수 있으니 말이다.

물론 상황을 순간적으로 빠르게 판단하는 것도 장점이 될 수 있지만, 언제든 보충하고 교정할 수 있는 여지를 남겨둔다면 더욱 넓은 견해를 가질 수 있다.

영원히 사라지지 않는
희망을 품어라

《심경》의 '오온이 모두 공허하다는 걸 비추어보고'라는 문장에서 '비추어보고(照見 조견)'를 직역하면 '보다, 통찰한다'는 의미다. 불교에서 '조견'과 '직관(直觀)'의 의미는 어떤 매개물도 사용하지 않는 상태에서 우주에 존재하는 진리를 바라보는 걸 말한다.

일반적으로 빛이 충분해야만 잘 보거나 통찰할 수 있다고 생각한다. 하지만 나는 밤에 조깅한 뒤 어두웠던 서재가 갑자기 밝게 보이는 경험을 하고 나서는 다른 생각을 가지게 되었다. 어둠 속에서도 명확한 단계로 이 세계를 파악할 수 있다.

십여 년 동안 공익활동을 하면서 나는 시각 장애인 음악가들과 친구가 될 수 있었다. 그중에서 피아니스트 황위샹(黃

裕翔)은 대만 영화 〈터치 오브 라이트(逆光飛翔)〉에서 주연을 맡으며 많은 관객에게 깊은 인상을 남겼다. 황위샹의 경우 시력을 거의 다 잃은 상태이지만 혼자서 일상생활이 가능해 고속철도를 타고 각지를 다니고, 감동을 주는 음악을 창작해서 연주한다.

로맨스 영화 〈네 마음에 새겨진 이름(刻在你心底的名字)〉이 인기리에 상영되고 있을 때 우리는 마침 순회공연을 하고 있었다. 황위샹이 〈네 마음에 새겨진 이름〉의 주제곡을 연주하자 고등학생들이 체육관 지붕이 들썩일 만큼 열렬히 반응했다. 황위샹은 그렇게 자기 삶의 열정을 구체적으로 표현하고 음악을 사용해 모든 청춘의 비상하고자 하는 마음을 고조시켰다.

나는 개인적으로 몇 차례 황위샹과 그의 가족들을 만날 기회를 가질 수 있었고, 그가 긍정적이고 겸손하며 언행이 일치하는 사람이라는 걸 알게 되었다. 그의 내면에서부터 우러나오는 미소는 그야말로 영원히 사라지지 않을 빛이다. 그 빛은 그가 지팡이를 쥐고 세계 각지를 돌아다닐 수 있게 해주고, 주변 사람들이 인생의 어둠을 빠져나올 긍정적인 사고를 가질 수 있도록 격려해준다.

암담한 상황에 있어도 자기 마음속 밝은 곳을 남겨두도록 하자.

　마음의 빛을 사용해 자신을 비춰보려 한다면 영원히 사라지지 않는 희망을 품을 수 있다.

　때로 예측할 수 없을 만큼 주변 환경이 급격하게 변하거나 어둠에 휩싸이더라도 두려워할 필요는 없다. 어둠이 있어야 우리는 비로소 빛의 의미를 알 수 있다.

　진정한 '비춤'에는 어떠한 매개물도 필요치 않다. 아주 깊은 어둠 속에 갇혀 있더라도 진리를 명확하게 판단할 수 있고 사랑의 진실한 모습을 볼 수 있다.

　바깥이 어두워도

　내 마음에 밝은 곳을 남겨두면

　영원히 사라지지 않는 희망은 누구도 앗아갈 수 없는 내 것이다.

마음의
정리정돈

우리가 버려야 할 것에는

학창시절의 상장, 여행 기념품, 지난 사랑의 증표뿐만이 아

니라

다른 사람이나 자신에 대한 주관적인 견해도 포함된다.

외관, 이견, 과거의 경험 등을 떨쳐내야 한다.

최근 몇 년 동안 불필요한 걸 끊고(斷) 버리고(捨) 떠나라(離)
는 '단샤리'나 미니멀리즘이 유행하면서 집 안을 청소하고 정
리하는 열풍이 불었다. 그래서 여러 작가가 자신만의 정리
방법과 성과를 소개하고 감탄할 만한 관점을 제시했다. 이런
책에 실린 '정리하기 전'과 '정리한 후' 대조 사진을 보면 '대단
하다! 나도 해봐야지'라는 생각이 들기 마련이다.

책에서 소개된 순서와 방법에 따라 집을 정리하면 아주 깨끗해질 수 있다. 마치 부동산에서 팔기 위해 꾸며놓은 모델하우스처럼 꼭 필요한 가구들 외에 불필요한 물건은 전부 사라지니 말이다.

하지만 집을 깨끗하게 정리하는 핵심은 정리 기술이 아니라 '버리려는 마음가짐'에 있다. 만약 이를 실천하고 싶다면 우리가 버려야 할 것에는 학창시절의 상장, 여행 기념품, 지난 사랑의 증표뿐만이 아니라 다른 사람이나 자신에 대한 주관적인 견해도 포함된다.

외관, 이견, 과거의 경험 등을 떨쳐내고, 그것들을 완전히 버려야 본래 마음을 회복하고 가장 순수한 본성을 되찾을 수 있다.

술은 모든 걸 '막연'하게 만들 뿐 '비우게' 하지는 못한다

'공'의 개념을 언급할 때면, 대만에서는 나의 동년배쯤 되는 사람이라면 어린 시절 본 드라마의 영향으로 자연스럽게 '주색재기(酒色財氣 술, 색, 재물, 기운), 네 가지는 모두 공허하다!'라는 말을 떠올린다.

지나친 음주가 안 좋다는 생각은 늘 있었지만, 최근 몇 년 동안 음주운전 사고로 무고한 사람이 생명을 잃는 사건이 많아지면서 사회적 문제로 부각되었다. 이에 다시금 '술을 마시면 운전을 하지 말고, 운전을 하려면 술을 마시지 말아야 한다'라는 인식이 팽배해졌다.

술은 적당하면 심리적 위로가 되지만 과도하면 몸을 망친다. 그래서 일부 스트레스 푸는 방법을 몰라 무작정 술로 풀려고 하다가 스트레스가 더욱 심해지는 경우가 있다. 과도한 음주는 모든 걸 '막연'하게 만들 뿐 '비우게' 하지는 못한다.

또 '색'의 경우 일반적으로 '미색(美色)'이나 '성욕(性欲)'을 떠올리기 쉽다. 하지만 색이란 글자 위에 '칼 도(刀)'자가 있는 걸 보면 절제하고 삼가는 계율로 해석하는 게 정확한 의미다.

또 '재물 재(財)'나 '기운 기(氣)'의 경우 재물과 감정을 적절하게 절제할 줄 알아야 한다는 의미가 있다. 하지만 현대인들이 마음을 정화하기 위해 비워내야 할 건 '주색재기'뿐만이 아니다. 하물며 옛글에서 '4대가 모두 공허하다'라는 말은 네 가지 근본 물질인 '땅(地)·물(水)·불(火)·바람(風)'을 말한다. 불교에서 말하는 '4대는 모두 공허하다'라는 말을 쉽게 해석하면 네 가지 물질이 참된 나는 아니라는 의미다.

사람은 언젠가는 육신을 버려야만 한다.
이 사실을 명확하게 깨닫고 집념을 내려놓아야만
영혼은 몇 번이고 이어지는 윤회의 여정을 계속할 수 있다.

《심경》에서 '오온이 모두 공허하다'라는 구절은 '색(色)'·'수(受)'·'상(想)'·'행(行)'·'식(識)' 다섯 가지 요소에 대한 집착을 내려놓으라는 의미다.

'오온'은 인간을 구성하는 다섯 가지 요소다.

그중에서 '색'은 땅(골격)·물(체액)·바람(기운)·불(온기)을 포함한 물질적 조건을 가리키고, 나머지는 내면의 정신을 말한다. '수'는 생리적 감각을, '상'은 심리적 개념을, '행'은 신념이 만든 행동을, '식'은 사람과 일에 대한 판단을 말한다. '색' · '수' · '상' · '행' · '식'으로 구성된 오온은 인간을 형성하는 기본 요소이지만, 오랜 시간 쌓이면 자각하기 힘들고 고치기도 어려운 나쁜 버릇이 된다.

이 때문에 난관을 만났을 때 우리는 자신에게서 문제의 원인을 찾지 않고 다른 사람의 잘못이라고 단정을 지어버린다. 그러니 인생을 통찰하는 철학적 이치를 배우고 싶다면 먼저 '색' · '수' · '상' · '행' · '식'에 대한 집념을 내려놓아야 한다.

쉽게 자신을 비난하거나 다른 사람을 판단하지 말라.
감각기관으로 파악한 결과로 당신 내면의 자기반성을 왜곡하려 하지 말라.
가져서는 안 되거나 속하지 않는 건 모두 깨끗하게 버려야 한다.

모든 사람과 사물은 인연이 모여서 생겨난다. 시간과 공간이 바뀌면 다르게 모여 다른 결과를 만들어낸다. 좋은 사람, 나쁜 사람이 같은 사람일 수 있는 것이다. 그러니 당신이 그를 만났을 때 서로 충돌하는 이익이 없었는지 봐라. 꽃이 피고 꽃이 떨어지는 건 존재하지 않는 변화무쌍한 발생일 뿐이다. 형식에 대한 집착을 내려놓아야 한다.

형식에 대한 집착을 내려놓으면
젊음과 늙음이 모두 아름다우며
붙잡는 것과 놓아주는 것이 모두 행복한 일이라는 걸 알
수 있다.

아무것도 없는 공무의 상태에 이르는 건
모든 걸 갖는 것과 같다.

모 든 고 액 을 건 넜 다

度一切苦厄

도 일 체 고 액

괴로운 이 현실세상을
어떻게 살 것인가

피안은 눈앞에 보이는 맞은편 기슭이 아니라

마음속 또 다른 방향이나

심지어는 출발한 원래 자리를 의미할 수 있다.

모든 좌절은

우리에게 고개만 돌리면 피안이라는

'회두시안(回頭是岸)'의 이치를 가르쳐준다.

고대 인도어인 산스크리트어로 된 《심경》 판본들을 보면 대부분 '모든 고액을 건넜다'라는 문장이 없다고 한다. 그래서 현장법사의 번역본에 그가 얻은 체험이 담겨 있다고 보기도 하는데, 현장보다 2백 년 먼저 생존한 인도 승려 구마라습(鳩摩羅什)의 번역본에도 '모든 고액을 건넜다'라는 구절이 있다.

그래서 현장이 고증을 거쳐 중국어 해석본에 특별히 넣었다는 주장도 있다.

어떤 주장이 맞든 '모든 고액을 건넜다'라는 문장에는 중생의 수행 목적이 뚜렷하게 나타나 있다. 스스로 근심과 고통에서 벗어나고, 다른 사람이 고통의 심연(苦海)에서 빠져나올 수 있도록 돕는 것이다. 자신을 이롭게 하고 다른 사람도 이롭게 하기 위함이다.

모든 시대를 통틀어서 학파가 다르거나 신앙이 달라도 영혼의 수행에 관해서는 공통된 견해를 보인다. 신도가 스스로 통찰해 생명의 의미를 깨닫고, 두려움과 고통을 간파하고, 사랑의 본질을 되찾도록 하는 게 핵심이다.

우리는 항상 먼저 '옳지 않음'을 경험해야 비로소 '옳음'을 이해할 수 있다!
'고통'을 경험해야 '즐거움'이 무엇인지 이해할 수 있다.
'업'의 큰 힘을 거쳐야 '인과응보(因果應報)'를 알 수 있다!
'두려움'을 경험해야 '사랑'을 발견할 수 있다.

나는 다양한 경험을 했지만 아직 '모든 고액을 건넌' 경험은 없다. 수행의 마지막 목적은 걱정에 사로잡히지 않고 삶의 모든 만남을 겸허히 받아들이도록 단련하는 데 있다. 모든 좌절을 겸허하게 받아들여 끝없는 가시밭길에서 벗어나려 발버둥 치지 않게 되면 그 안에 숨겨진 신의 선물을 발견할 수 있다.

곤경에 처했을 때는
긍정적인 태도를 가져라

《심경》의 '모든 고액을 건넜다'라는 문장에서 '건넜다'로 해석한 '도(度)'는 일반적으로 '지나가다, 넘는다, 보낸다'라는 의미가 있다. 하지만 나는 우리가 곤경에 처했을 때 내보일 수 있는 여러 긍정적인 태도를 설명하기 위해, 그 의미를 '동행, 경험, 초월, 전환'으로 더욱 확장해서 보고 있다.

· 동행: 동행하면 폭풍우 속에서도 자신감을 가질 수 있고
　　　내면의 평온을 견실히 유지할 수 있다.

· 경험: 눈앞에 놓인 미래의 결과뿐만 아니라 현재의 과정
　　　도 성실하게 체험해야 한다.

· 초월: 인생의 난관은 고통의 바다와 같다. 그러니 우리는 물을 잘 아는 수영선수처럼 항상 몸과 마음이 물을 압도해야 한다. 파도를 용감히 헤치고 앞으로 나아가야 한다.

· 전환: 생각을 다르게 전환한다는 뜻이다. 고통은 사라지지 않지만, 고통과 함께 평화롭게 공존하려 한다면 더는 방해받지 않을 수 있다.

우리는 삶의 힘겨운 시간을
'건너야' 한다

대만의 유명 식당 '두샤오웨(度小月)'는 '단쯔미엔(擔仔麵)'이란 국수가 특히 유명하다. 옛 수도인 타이난(台南)에서 기원한 이 국수는 겉보기엔 지극히 평범해 보이지만 그 속에는 풍부한 맛과 감동적인 이야기가 담겨 있다.

두샤오웨의 창업자 홍위터우(洪芋頭)는 원래 물고기를 잡아 생계를 유지하는 어부였다. 그는 청(淸)나라 광서제 때에 푸젠 지역 장저우에서 그곳 사람에게 국수 만드는 법을 배웠다. 그리고 대만으로 이주한 뒤에는, 물고기를 잡아 생계를 유지하면서도 여름과 가을 태풍이 불어 바다에 나갈 수 없을 때 사원 입구에서 국수를 팔아 생계를 유지했다. 이처럼 '두샤오웨'라는 식당 이름에는 물고기를 잡을 수 없어 '단쯔미엔'을 팔아야 했던 이야기가 담겨 있다. '두샤오웨'에서 '두

(度)'는 건넌다는 뜻이고 '샤오웨(小月)'은 불경기라는 뜻이다. 즉 물고기를 잡을 수 없어 생계가 어려운 기간을 건넌다는 의미인 것이다.

지금 '두샤오웨'는 타이난뿐만 아니라 다른 지역에도 분점이 있으며 러우짜오(肉燥, 돼지고기 양념장-역자) 등의 요리가 통조림으로 만들어져 국내외에서 널리 팔리고 있다.

처음에는 생계를 유지할 새로운 방법을 모색하고 싶어 창업했겠지만, 점차 발전해오면서 이제는 오랫동안 사랑받는 브랜드로 성장했다. 여기까지 '건너는' 과정은 분명 무척이나 힘들고 지루하면서도 행복했을 거다.

노력은 많은 힘겨움을 견뎌야 하는 과정이다.
하지만 '난관을 건너는' 과정을 통해서
자기 내면에 지혜와 용기를 더욱더 강하게 단련할 수 있다.

신종 코로나바이러스가 유행하면서 오래된 유명 식당이나 새롭게 주목받기 시작한 식당들이 타격을 받았다. 하지만 소비자들의 마음속에는 여전히 이런 식당들에 대한 아름다운 추억이 남아 있다.

나는 '건넜다', '보낸다'라는 뜻의 '도(度)' 자가 삶에서 반드시 거쳐야 하는 어려운 시간을 묘사한다고 생각한다. 예를 들어서 '마치 일 년 같은 하루를 보냈다'라는 말이나 '난관을 건너다'라는 말처럼 말이다.

물론 '친구와 함께 즐거운 시간을 보냈다'라는 말처럼 즐거운 시간에도 '도' 자를 사용할 수 있다. 하지만 정말 행복하고 즐거운 시간의 경우 '보냈다'가 아니라 '순식간에 지나가 버렸다'라고 말한다.

아울러 '도' 자는 낭만적이거나 허구를 묘사하는 데 사용되기도 한다. 예를 들어서 봄가을의 울적한 정취를 토로하며 '모든 감정은 계절을 건너는 과정과 같다. 우리는 사랑하는 사람이나 실연한 자신을 데리고 인생의 또 다른 단계로 옮겨 가고 있다'라는 표현을 쓸 수 있다.

'건넌다'라는 건 분명 '차안(此岸, 생사와 고통이 있는 이 세상-역주)'에서 '피안'으로 건넌다는 의미다. 여기에서 '안(岸)'은 실제 지역을 말하는 게 아니라 영혼이 이르고 싶어 하는 먼 곳을 뜻한다. 이 때문에 우리는 피안을 더욱 넓은 의미로 이해해야 한다. 피안은 눈앞에 보이는 맞은편 기슭이 아니라 마음속 또 다른 방향이나 심지어는 출발한 원래 자리를 의미할 수 있다. 즉 차안이 곧 피안인 것이다.

모든 좌절은 우리에게 고개만 돌리면 피안이라는 '회두시안'의 이치를 가르쳐준다. 삶에서, 그리고 완전하지 않은 이 세상 속에서 자신의 완전한 영혼을 찾도록 하자.

힘듦과 좌절은 우리를
열반의 세계로 고개를 돌리게 하는 선물이다.
완전하지 않은 이 세상에서
나 자신의 완전한 영혼을 찾을 수 있는 길이다.

PART 2

인생에서 진실과 거짓을 가려내는 눈

이성으로 판단하고 감성으로 포용해라.
옳고 그름에 대한 의문에 빠지는 건 피할 수 없다.
하지만 혼을 빼앗길 정도로 몰두하면 아주 깊은 상처를 받게 된다.
오직 사랑만이 모든 것의 본질이라는 걸 명확하게 알아야
두려움과 유혹에 매몰되지 않을 수 있다.

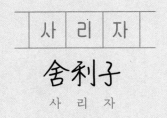

사 리 자

舍利子

사 리 자

배움을 주는 사람과의 만남

지혜로운 사람에게 배운다고 해서
배운 내용을 전부 자기 것으로 만들어
배운 대로 세상을 볼 수 있는 건 아니다.
생각하고 정리하고 이해하는 과정을 통해
적합한 내용을 골라 선택하고,
자신의 생각을 취합 정리할 수 있어야 한다.

마음 공부를 하다 보면 방향을 알려주거나 깨달음을 주는
좋은 스승을 만날 수 있다. 하지만 '좋은 스승'은 만나고 싶다
고 해서 누구나 만날 수 있는 게 아니다. 대부분 생각지도 못
한 우연한 계기로 만나게 된다.

인도 서사문학에서 인생의 깨우침을 발견하는 《사랑이 빛

날 때(When Love Comes to Light)》란 책에는 인도의 저명한 서사시인 〈바가바드기타(Bhagavad Gita)〉의 내용이 자세하게 설명되어 있다.

전사 아르주나는 전쟁에 나가야 할지를 고민하며 전차의 마부이자 스승인 크리슈나에게 가르침을 청한다. 크리슈나는 모범적인 답을 알려주지 않고 아르주나가 내면 깊은 곳의 도법(道法)에 따라 결정할 수 있게 인도해준다. 아르주나는 전사인 만큼 전쟁에 나가 승리해 업적을 쌓아야 한다. 하지만 아르주나는 살육과 죽음을 보고 싶어 하지 않았다. 아르주나보다 훨씬 넓은 관점을 가진 크리슈나는 죽음은 동정하고 불쌍하게 생각할 일이 아니라고 말한다. 죽음을 초월해야 비로소 끝없는 생명 윤회의 본질을 깨달을 수 있다는 것이다. 즉, 사람이 죽는 게 안타까워 전쟁을 두려워하는 건 진정한 깨달음에서 더욱 멀어지는 것과 같다고 주장한다.

내면의 충돌에 괴로워하는 아르주나가 좋은 스승이자 유익한 벗인 크리슈나의 지도를 받아, 인연의 시작과 끝의 의미를 겸허하게 받아들이는 중요성을 깨닫는 내용이 짧은 문장들 속에 담겨 있다.

지혜로운 사람을 스승으로 삼아야 한다! 배우는 입장에서 지혜로운 사람을 스승으로 삼는 건 좋은 일이다. 하지만 진정으로 지혜로운 사람은 기꺼이 스승이 되려 하는 경우가 드

물다. 그들은 인연에 따라 만나는 사람에게 차근차근 가르침을 줄 뿐이다. 심지어는 제자가 스스로 출구를 찾을 수 있도록 일부러 침묵하기도 한다.

그렇다면 다른 사람을 가르칠 만큼 지혜로운 사람은 누구일까? 변변치 않은 학식만 가지고 스승이 되려는 사람도 있다. 이런 사람을 스승으로 삼는 게 나쁘다고 말할 수는 없다. 왜냐하면 선량한 의도를 가지고만 있다면 배우고 가르치는 과정에서 서로 성장해갈 수 있기 때문이다. 우리가 조심해야 할 스승은, 무작정 자신의 주장만 옳다고 주장하는 스승이나 풍부한 학식을 가지고 있음에도 다른 사람이 자신보다 앞서는 게 싫어서 알려주지 않는 스승이다.

이런 유형의 스승을 좋은 스승이라고 할 수 있을까?

정규 교육과정을 제외하면 나는 주로 독학으로 지식을 터득했다. 일부 전문가의 가르침이 필요한 분야는 몇 차례 강의를 들어 입문 과정을 거친 뒤 스스로 공부해 터득했다. 그리고 도저히 이해할 수 없는 부분은 관련 서적을 읽거나 전문가에게 가르침을 청했다. 이런 과정을 통해서 나는 다양한 스승을 만나는 행운을 누릴 수 있었고 아래와 발견을 하게 되었다.

모든 스승은 장점과 한계점을 가지고 있다.

제자인 우리는 섣불리 주관적으로 스승을 평가하려 해서
는 안 된다.

마음을 활짝 열고 어떠한 가치판단도 하지 않는 상태에서
배우려 해야 한다.

더구나 지혜로운 사람에게 배운다고 해서 배운 내용을 전
부 자기 것으로 만들어 배운 대로 세상을 볼 수 있는 건 아니
다. 스스로 생각하고 정리하고 이해하는 과정을 통해 적합
한 내용을 골라 선택하고, 생각을 모으고 정리할 수 있어야
한다.

상대방의 가르침에만
의존하지 말라

살면서 좋은 스승을 만나는 건 크나큰 행운이다. 하지만 누가 들어도 특이한 설법을 곧이곧대로 믿거나 상대방이 알려주는 인생의 해답에 너무 의존하려 해서는 안 된다. 그래야만 상대방의 가르침을 통해 성장하는 기회를 얻을 수 있다.

흔히들 스승은 위험을 피할 수 있게 해주고, 좋은 것을 얻도록 도와주는 사람이라고 생각한다! 하지만 이런 생각을 가지고 배우는 것 자체에 문제가 있으며, 스승이 자신이 원하는 결과를 주지 않았다고 탓해서도 안 된다.

진정으로 좋은 스승은 배움의 방향을 일러주고 참회와 감사를 통해서 자신을 돌아보고 다른 사람과 연결될 수 있게 도와주는 사람이다. 그러니 좋은 스승은 속임수로 돈을 받거나 법기(法器, 불교 의식에 쓰이는 도구-역주)를 팔거나 과거의 잘못을 씻어준다는 명목으로 돈을 받지 않는다. 일단 당신에게 죄가 있다고 말한다면 그 스승은 이미 자비가 부족한 사람이다. 만약 돈으로 재난을 없애라고 하거나 당신을 망가뜨리려 하거나 가족과의 관계를 멀어지게 하려 한다면 그가 가지고 있다고 주장하는 신통한 능력은 '사기'일 가능성이 크다.

좋은 스승과 좋은 제자의 만남은 백락(伯樂, 춘추전국시대 말의 명인으로 유명했던 인물-역주)과 천리마(千里馬)의 만남과 같다. 말의 감정에 뛰어난 백락은 천리마의 가치를 한눈에 알아볼 수 있다. 이처럼 상대방의 가치를 알아보고 잠재력을 발전시킨다면 함께 성장하는 효과를 낼 수 있다.

다른 사람에게
도움을 주는 사람으로 성장하라

불교 경전에서 자주 등장하는 사리자는 부처의 위대한 제자 중 한 명이었다고 전해진다. 사리자는 지혜와 이치를 깨닫는 데 다른 사람보다 뛰어나서 부처가 《심경》을 강설할 때 주요 문답 대상이 되었다.

불교 이야기마다 사리자가 부처를 스승으로 삼는 과정이 조금씩 다르게 그려져 있다. 다만 사리자가 원래 자신의 사상을 가지고 문하생들을 이끌고 있었다는 점은 공통된 주장이다. 사리자는 '모든 법이 인연에 의해 생겨나고, 모든 법이 인연에 의해 사라진다(諸法因緣生, 諸法因緣滅)'라는 이치를 깨달은 뒤 불법을 배우기로 결심한다. 그는 항상 부처의 대화 상대가 되어주었고, 적합한 장소에서는 부처를 대신해 설법으로 승려들을 지도했다.

우리는 지혜로운 사람에게 배워 다른 사람에게 도움을 주는 지혜로운 사람으로 성장해야 한다. 수천 회가 넘는 강연을 했지만 나는 항상 성장에 도움이 되는 강의가 있으면 신청해서 들으려 한다. 스스로 준비되었을 때 좋은 스승이 출현하는 법이다. 스승에게서 더 높은 경지를 배워 지혜의 문을 열고 서로 자비의 마음을 비춰볼 수 있어야 한다.

스승이 나타나주기만 기다리면서 소극적으로 해답을 얻기를 바라선 안 된다. 스스로 지식에 대한 탐구욕을 가지고 발전해나가야 한다. 겸허한 태도로 적극적으로 배워 성장한다면 분명 좋은 스승을 만날 수 있다.

진정한 인생의 스승은, 제자가 완전히 개방될 수 있도록 해주는 사람이다. 규범을 지도해주는 것을 넘어 내면의 자유를 전부 발산할 수 있도록 도와주는 사람이다.

앞에서 소개한 〈바가바드기타〉는 전사 아르주나와 좋은 스승이자 친구인 크리슈나가 질의 문답하는 과정을 통해서 독자들에게 지혜의 불꽃을 전달해준다. 문제의 해답을 넘어 사랑의 참뜻을 깨달을 수 있게 해준다.

| 색 | 이 | 공 | 과 | 다 | 르 | 지 | 않 | 고, |
| 공 | 이 | 색 | 과 | 다 | 르 | 지 | 않 | 으니 |

色不異空 空不異色

색 불 이 공 공 불 이 색

色卽是空 空卽是色

색 즉 시 공 공 즉 시 색

어느 새벽 조깅을 하다
일어난 일

인생의 경험을 완전하게 이해할 때
비로소 모든 주름에는 의미가 있다는 걸 알게 된다.
인생의 지혜를 뜻하는 주름도 있고
인생의 풍파를 뜻하는 주름도 있으며
인생의 고난을 뜻하는 주름도 있다……

어느 날 조깅을 하고 집으로 돌아오는 새벽에, 아침 식사를
파는 식당 앞에서 이웃을 만났다. 그는 2년 전에 대학을 졸
업하고 지금은 외국 기업에서 근무하고 있는 26세 회사원이
다. 언제나 활달하고 다정하고 예의가 바른 사람이었다. 하지
만 무슨 일인지 그날 아침, 거리에서 만났을 때 나를 보고도
아는 척하지 않았다. 내가 먼저 손을 흔들어 인사하자 마지

못해 고개를 숙여 인사를 했다.

이후 나는 그가 기분이 좋지 않거나 급한 일이 있어 미처 못 보았을 수 있다고 생각하고 넘겼다. 자세한 상황을 모를 때는 부정적으로 생각하기보다는 긍정적으로 생각하는 게 나으니 말이다.

이건 사실 자신감과 공감력을 키운 지금의 나라서 할 수 있는 일이었다. 젊은 시절 내가 이런 일을 겪었다면 '왜 나를 무시하는 거지?'라고 생각했을 거다. 하지만 이런 부정적인 생각은 관계를 개선하는 데 도움이 되지 않고, 오히려 오랜 시간 자신을 괴롭히는 원인이 된다. 더구나 아무리 고민해도 자신이 잘못한 점을 찾지 못하면 도리어 상대방에게 문제가 있다고 추측하고 상대방을 이상한 사람이라고 매도하게 된다!

자신의 허상(虛)과 진실(實)을 진지하게 대면해라

내가 스스로 발전했다고 생각하며 흐뭇한 미소를 짓고 있을 때, 지나갔던 이웃이 헐레벌떡 달려왔다. 그는 식당에서 산 샌드위치와 커피를 든 채로 숨을 헐떡이며 말했다.

"우 선생님, 죄송해요! 아무리 생각해도 제가 방금 예의 없게 행동했어요. 정말 죄송해요. 사실 화장하지 않은 얼굴로 마주쳐서 당황한 나머지 제대로 인사하지 못한 거예요."

자초지종을 듣자 나는 화장하지 않은 얼굴로 갑자기 아는 사람을 만나 당황했을 그의 입장이 이해되었다.

거리에서는 근사하게 꾸미더라도 집 안에서는 편한 복장으로 있는 법이다. 나는 장소에 따라 복장이 다른 게 당연하다고 생각한다. 화장하지 않았다고 해서 그가 가진 아름다움이 사라진 게 아니었다.

그런데도 화장하지 않은 얼굴을 부끄러워한다는 게 나는 마음이 아팠다.

　이전에 친구가 화장하지 않으면 밖에 나갈 엄두가 나지 않는다는 말을 한 적 있다. 당시 나는 친구가 마주치기 싫은 게 과연 다른 사람일지 아니면 자신일지가 궁금했다.

　늙어가는 매력을 즐기라고 설득하는 건 쉽지 않다. 나 역시 주름은 아름다운 거라는 사실을 완전히 받아들이기가 힘들다.

　우리는 인생 경험을 완전하게 이해할 때 비로소 모든 주름에는 의미가 있다는 걸 알게 된다. 인생의 지혜를 뜻하는 주름도 있고 인생의 풍파를 뜻하는 주름도 있고 인생의 고난을 뜻하는 주름도 있다…….

　모든 주름은 그 자체로 아름다운 의미를 지니고 있다.
　얼굴에서 청춘이 사라질수록 내면에서는 지혜가 차오른다.

　우리가 이러한 이치를 점차 이해하게 될 무렵 눈가와 이마에 조금씩 주름이 생기기 시작한다. 거울에 비친 자신을 보며 주름의 의미를 고민할 때, 다른 사람이 이해하고 공감하는지는 중요하지 않다. 거울 속에 핀 꽃, 물에 비친 달은 모두 가장 진실한 자신이다. 눈을 돌리는 순간 더는 미련을 가지지 않아야 한다.

《심경》에서 '색이 공과 다르지 않고, 공이 색과 다르지 않으니'라는 문장은 외면과 내면의 허와 실을 지적하며 모든 일과 사물은 양면을 가지고 있다는 점을 말해준다. 그리고 또 한편으로는 우리에게 아름다운 외모에 집착할 필요가 없다는 걸 일깨워준다. 육체와 물질은 영원히 존재할 수 없다. 끊임없이 변화하고 바뀌다가 결국에는 소멸한다. 집착과 망념은 끝없는 번뇌와 고통만 만들어낼 뿐이다. 현재를 소중히 여기되 붙잡으려 하지 말라.

외모에 집착하지 않는
마음의 방법

'인연은 공이다'라는 마음을 가지면
외모에 집착하지 않게 된다.
단편적인 인상으로 좋고 나쁨의 가치판단을 내리거나
탐욕스럽거나 두려운 생각도 생기지 않는다.

우리는 '아름다움'과 '추함', '외면'과 '내면'을 '두 가지 대립'하
는 비교 그룹으로 생각하는 경향이 있다. 그래서 일부는 '나
이가 들어 젊은 시절 미모가 사라지면' 사랑이 '시든다'라고
생각하는 이들도 있다. 심지어 사랑하지 않는 사람에게는 좋
은 사람처럼 행동하고 사랑하는 사람은 구박하면서 사랑하
면 원래 이런 거라고 착각하기도 한다.
 《심경》은 '색이 공과 다르지 않고, 공이 색과 다르지 않으

니 색이 곧 공이고, 공이 곧 색이며 수 · 상 · 행 · 식도 또한 이와 같다'라는 짧은 문장을 통해 사람들이 잘못을 저지르고도 깨닫지 못하는 이치를 설명하고 있다.

'색'과 '공'이 다르지 않은 이유는 모든 것이 인연에 의해 서로 생겨나기 때문이다.

불교에서 '공'은 전혀 없다, 존재하지 않는다는 의미가 아니다. 모든 형상은 끊임없이 변화하므로 영원히 존재할 수 없다는 의미다. '인연은 공이다'라는 이치를 이해한다면 외모에 집착하지 않고, 사람이나 사물의 겉모습에 휘둘리지 않게 된다. 단편적인 인상으로 좋고 나쁨의 가치판단을 내리지 않고, 탐욕스럽거나 두려운 생각도 갖지 않게 된다.

'꽃이 피는 것'과 '꽃이 지는 것'은 생명의 모습이 변하는 것일 뿐이다. 마찬가지로 '씨앗'과 '나무'도 보기에는 차이가 크지만, 인연에 의해 생겨나는 것인 만큼 생명의 본질에서는 다르지 않다.

'꽃이 피는 모습'과 '꽃이 지는 모습'을 보고 감상에 젖는 것은 마음에서 우러나오는 감정이다. 하지만 계속 빠져 있어서는 안 된다. 빠져나오지 못한다는 건 지나치게 집착하는 것이다.

자신을 일깨워 '색'과 '공'이 모두 인연에 의해 생겨난다는 걸 이해해야 한다. 겸허하게 받아들일 수 있다면 마음의 힘을 불필요하게 소모할 필요가 없고 인생의 여정에 방해받지 않을 수 있다.

계속 이 점을 고민한다면 우리는 다음과 같은 깨우침을 얻을 수 있다.

단순히 겉모습만 보고 판단해서는 안 된다.

씨앗이 작다는 이유로 그 안에 담긴 힘을 무시하거나

나무가 크다고 해서 지나치게 의지하려 해서는 안 된다.

'아름다움'과 '추함'은 외모의 변화를 상대적으로 정의하는 것일 뿐

진정한 모습은 아니다. 아름다운 사물에 유혹받지 말고

추한 겉모습만 보고 차별하지도 말라.

꽃이 피고 지는 것은 모두 공이다.

가진 걸 지나치게 사랑하거나, 잃는 걸 지나치게 두려워하지 말라

파구산 교단의 성옌법사는 《심경》을 강설하면서 다음과 같은 아주 중요한 개념을 언급했다. '색이 공과 다르지 않다'라는 말은 모든 물질 현상이 '성(成)'·'주(住)'·'괴(壞)'·'공(空)'의 '네 가지 상태(四態)'에서 벗어날 수 없고, 육신의 생명은 '생'·'로'·'병'·'사'의 '네 가지 고통'에서 벗어날 수 없다는 것이다.

그러니 일시적으로 '있다(有)'가 결국에는 '공'으로 돌아간다. '공'과 '유'는 원래 '공'이다. '현상'은 비록 '유'이지만 자기 본질(自性 자성)'은 '공'이다.

성옌법사는 '색이 공과 다르지 않고, 공이 색과 다르지 않으니 색이 곧 공이고, 공이 곧 색이다'라는 문장이 '모든 물질 현상의 자성이 공이어도 인연에 의해 생겨나는 데 방해가 되지 않음'을 보여주고 있다고 보았다.

이와 같은 가르침을 바탕으로 나는 삶을 겸허히 받아들이고 어떤 형식에도 집착하지 않으려 노력했다.

그중에서 나에게 가장 큰 영향을 준 건 '가진 걸 지나치게 사랑하거나 잃는 걸 지나치게 두려워하지 말라'라는 말이었다. 이 말의 의미는 소유하고 있어도 그것이 주는 만족감에 지나치게 집착하지 않으면, 어느 날 그것을 잃어도 두려움에 휩싸이지 않을 수 있다는 의미다.

개인적인 경험에서 말해보자면 나는 오프라인이든 온라인이든 강연할 때 청강생이 꽉 차 있는 모습을 보면 뜨거운 열기가 느껴지면서 기분이 좋아진다. 하지만 청강생의 숫자에 지나치게 집착하지는 않는다. 청강생이 많지 않으면 실망해 힘을 내지 못할 수 있기 때문이다.

아울러 강연이 끝난 뒤 텅 빈 강연장을 보고 감상에 젖으려 하지도 않는다. 빈 강연장에 쓸쓸한 마음이 들면 즐거움이 사라져 다음 강연을 씩씩하게 할 수가 없다.

'가진 걸 지나치게 사랑하거나
잃는 걸 지나치게 두려워하지 말라'는 말을 명심하자.
아름다움과 추함, 청춘과 늙음을
영혼을 단련할 가장 좋은 경험으로 생각해라.

'가진 걸 지나치게 사랑하거나 잃는 걸 지나치게 두려워하지 않는 법'은 삶과 죽음에도 응용해 볼 수 있다. 필연적으로 찾아올 죽음을 기꺼이 받아들이고 더 나아가 태어난 그날부터 죽음을 향해 걸어가기 시작했다는 사실도 받아들일 수 있다.

죽음과 시간이 사라지는 순간 두려움도 사라지게 된다. 이 정도까지 자신을 단련하면 열반과 윤회도 차이가 없어진다.

수 · 상 · 행 · 식도 또한 이와 같다

受想行識 亦復如是

수 상 행 식 역 부 여 시

아름다운 꽃은 짧게 피고
화려한 곤충은 독이 세다

아름다운 꽃은 피어 있는 시간이 항상 짧다.

화려한 곤충은 강한 독성을 뿜어낸다.

옳고 그름, 맞고 틀림, 아름다움과 추함,

좋고 나쁨의 판단에서 벗어나야만

가장 진실한 실상을 볼 수 있다.

불교 연구 자료에 따르면 가장 널리 알려진 《심경》은 여러 경전의 내용을 축소한 '축약본'이다. 7세기(649년) 현장법사가 번역한 《대반야바라밀다경》의 〈학관품(學觀品)〉장에는 《심경》과 거의 비슷한 경문이 등장한다.

그리고 5세기(402~412년) 구마라습이 번역한 《마하반야바라밀대명주경(摩訶般若波羅蜜大明呪經)》이 현존하는 가장 오래된 판본인 점을 보면 아무리 늦어도 5세기 이전부터 중국에 《심경》이 유입되어 읽기 시작했을 것으로 추정된다.

즉, 《심경》은 아주 오랫동안 영향력을 떨친 작품이라 할 수 있다.

《심경》에서 '색이 공과 다르지 않고, 공이 색과 다르지 않으니 색이 곧 공이고, 공이 곧 색이며 수·상·행·식도 또한 이와 같다'라는 문장은 유명해서 많이들 알고 있는 구절이다. 하지만 이 문장을 제대로 이해하고 철저하게 깨닫기란 쉽지 않다.

이 문장은 감각기관을 이용해 주위 사물을 지각하고 '두 가지 대립'을 식별할 수 있게 되면 더는 감각기관을 통해 얻어지는 단편적인 정보에 오도되지 말아야 한다고 지적한다. 내면의 세계로 돌아가 음(陰)과 양(陽), 낮과 밤, 하늘과 땅 등 '두 가지 대립'의 환상을 버려야 한다는 거다. 모든 건 양면성이 있는 만큼 어떤 고정된 형식에만 머무르거나 집착하지 말고 생명의 본질을 제대로 인식하려 해야 한다.

서양의 마음 공부 영역에서 상당한 권위를 가진 선구자들의 작품과 비교해도 《심경》은 그 시대에 상당히 선진적인 이념이었다. 심리학자 융(Carl Gustav Jung)이 비슷한 말을 했다.

"당신이 내면에서 자아를 탐색하면 시야는 맑고 깨끗하게 변한다. 외부를 바라보는 건 몽상에 지나지 않으며 내면을 보아야 각성할 수 있다."

또 현재 영혼 수행 분야에서 가장 큰 영향력을 가진 에크하르트 톨레(Eckhart Tolle)는 영혼의 깨달음을 적극적으로 주장하며 여러 저서를 통해서 독자들에게 지금 이 순간을 살라고 말한다.

불교는 긍정적인 행동을 격려한다

부정적인 사람들은 학교에 입학해 공부하고 시험을 보는 게 무슨 소용이 있냐고 묻는다. 졸업하면 선생님, 학생들과 관계도 멀어지고 성적도 중요해지지 않는데, 굳이 노력할 필요가 있냐는 주장이다.

반대로 긍정적인 사람은 입학했으니 최선을 다해서 무언가를 얻어가겠다고 생각한다. 이들은 좋은 성적을 받든 그렇지 않든 선생님, 학생들과 함께 공부하는 게 발전에 필요한 과정이자 기회라고 생각한다. 노력하면 지혜를 키울 수 있고, 재수강을 할 필요도 없으니 최선을 다해야 한다고 생각하는 거다.

이것은 불교가 인생, 윤회를 바라보는 시선이다.

종교의 테두리에서 벗어나 철학적인 각도에서 바라봐도

마찬가지다. 전생과 내세가 있든 없든, 그것을 믿든 믿지 않든, 지금에 충실하며 노력하는 건 지혜를 얻는 가장 좋은 선택이다.

사리자여, 이 모든 법의 공한 상은

舍利子 是諸法空相

사 리 자 시 제 법 공 상

인연에 따른 변화에
집착하지 말라

모든 사람과 사물에 변하지 않는 고정된 형태는 없다.
사람들이 추구하는 외면의 모든 것은
환상의 상상일 뿐 실상이 아니다.

지혜로운 사람은 사물의 겉모양에 집착하지 않고 상대적인 관계에 좌지우지되지 않는다. 누군가가 예의 없이 행동할 때도 지혜로운 사람은 직접 싸우기보다는 돌아가서 스스로를 되돌아본다. '나는 무엇 때문에 화가 났을까? 상대방의 예의 없는 행동이 나의 내면의 어떤 부족한 점을 자극한 건 아닐까?' 지혜로운 사람은 이렇게 자신을 되돌아보는 과정을 통해 이해하고 내려놓는다.

어려운 상황에서나 순조로운 상황에서나 마찬가지다. 외

부 상황이 순조롭든 그렇지 않든 자기 내면의 자유는 영향을 받지 않는다. 여기서 더 나아가 상대방도 자유로워질 수 있도록 도와준다면 더 높은 차원의 자유인 '대자재(大自在)'라 할 수 있다.

대자재에 이르는 건 쉽지 않은 일이다! 그러기 위해서는 이 세상에 모든 건 인연이 모여 생겨나고 인연이 흩어지면 희로애락도 순식간에 공이 된다는 걸 깨달아야 한다.

모든 현상은 한순간의 상태일 뿐이다. 하지만 이런 상태를 완전히 이해하지 못하는 사람에게는 그것도 함정일 수 있다. 세상의 모든 상태는 변화한다. 불교에서 말하는 '무상(無常)'은 단순히 아무것도 없다는 게 아니라 사람과 사물에 변하지 않는 고정된 형태가 없다는 것이다. 모든 관계는 서로 대립이 발생했을 때 존재하는 만큼 고정된 형식에 집착할 필요는 없다. 사람들이 추구하는 외면의 모든 것은 환상의 상상일 뿐 실상이 아니다.

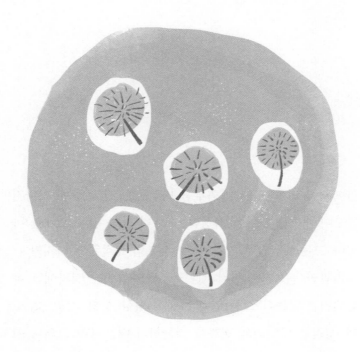

외부 상황이 순조롭든 그렇지 않든
내면이 자유롭다면 영향을 받지 않는다.

받아들이고 내려놓으면
자유롭다

앞에서 심리학자 융의 "외부를 바라보는 건 몽상에 지나지 않으며 내면을 보아야 각성할 수 있다"라는 말을 소개한 바 있다. 모든 깨달음은 감각기관에서부터 시작된다. 하지만 감각기관만 통하거나 감각기관으로 받아들이는 결과에만 국한되지는 않는다. 모든 일과 사물의 형상, 상황, 기운, 맛, 소리, 생각은 다양하게 변화를 거듭하기 때문이다. 그러니 최종적으로는 줄곧 존재한다고 생각해왔던 것들을 두 눈을 감고 마음으로 깨달아야 한다.

모든 일과 사물이 인연에 따라 변화하다가 마지막에 반드시 공이 된다는 것을 깨달을 때 비로소 영원한 자유를 이룰 수 있다.

이러한 이치는 말로 설명하기는 쉬워도 명확하게 이해해

깨닫기는 쉽지 않다. 그래서 오쇼 라즈니쉬는 다음과 같은 말을 했다.

"새벽 싱그러운 풀잎에는 투명한 이슬이 맺혀 있다. 이 이슬은 천천히 흘러내리다 땅으로 떨어지고 마지막에는 바다로 흘러 들어간다. 이슬은 분명 존재하지만 찾을 수 없다. 그것은 이슬이 존재하지 않기 때문이 아니라 어디에나 있기 때문이다. 이슬의 위치를 식별할 수 없는 건 모든 바다가 이슬이 머무는 곳이기 때문이다."

허무와 무상함에 대해 설명하는 다양한 경전을 읽어보았지만, 이슬로 비유해 설명한 오쇼 라즈니쉬의 말이 가장 이해하기 쉬웠다.

그렇다. 우리는 자유를 추구해야 하지만, 자유의 겉모습에 집착해서는 안 된다.

가장 높은 경지의 자유는 인연을 철저하게 따르는 것이다.
모든 순간을 겸허하게 받아들이고
즉시 내려놓을 수 있는 것이 진정한 자유다.

며칠 전 실연을 당한 사람이 나에게 남자친구가 떠나서 마음이 산산이 조각나 버렸다고 말했다. 우리는 누구나 소중히 쌓아온 사랑이 사라지는 실연을 겪는다.

슬퍼하는 그에게 내가 물었다.

"네가 방금 말한 사랑이 진정한 사랑이었니?"

그는 내 질문을 듣자마자 고개를 연거푸 끄덕였다. 그리고는 몇 초 뒤 의문 가득한 눈빛으로 나를 바라보았다. 무언가 이해한 듯 천천히 고개를 젓다가 다시 알 수 없다는 표정으로 고개를 끄덕였다.

뜨거웠던 감정이 사라지거나 사랑하는 사람의 마음과 행동이 달라지는 경우가 있다. 하지만 초기 뜨겁게 타올랐던 감정이 진정한 사랑이었다면, 나중에 두 사람의 관계가 다소 변했다고 해서 사라지지는 않을 거다.

진정한 사랑은 사라지지 않는다.
이슬이 풀잎에서 떨어진다고 해서
어딘가로 숨었을 뿐
사라지는 게 아니듯….

진정한 사랑은 변할 뿐
사라지지 않는다

감정이 변하면 상대방에 대한 마음이 변하거나 멀어질 수 있다. 과거의 사랑은 풀잎에 맺혀 있다가 땅으로 떨어져 바다로 흘러가는 이슬과 같다. 그것은 사라지지 않고, 모습을 바꿔서 여정을 이어간다.

진정한 사랑은 사라지지 않고,
형식을 바꿔 우주 사이에 흐른다.
굳이 그것을 찾으려 할 필요는 없다.
믿기만 한다면 그것은 존재한다.

아마도 어느 날 그것은 다시금 다른 형식으로 변화해 당신의 눈앞에 나타날 것이다. 어쩌면 그것은 이미 당신의 마음속에 머무르고 있을 수도 있다. 더 깊고 거대한 사랑의 에너지로 변해 미래에 다른 형식으로 누군가에게 주거나 중생에게 베풀 수 있다.

인연을 따라야 자유로워진다. 눈앞에 존재를 받아들이고 그것이 형태도 없이 사라질 수 있다는 것도 받아들여야 한다. 《심경》의 '이 모든 법의 공한 상'이란 문장에서 '시(是)'는 '이것'이란 의미이고, '모든 법(諸法)'은 내면과 외면의 모든 걸 포함한 우주 현상을 가리킨다. 그리고 '공한 상(空相)'은 '자성(自性, 자기의 본래 성질이라고 여기는 것-역주)은 모두 공이다'라는 말이다. 즉 이 문장은 중생에게 집착하지 말라고 일러준다.

'사리자여, 이 모든 법의 공한 상'이란 문장은 《심경》에서 아주 특별한 위치를 가지고 있다. 이 문장 앞에 등장하는 '사리자여, 색이 공과 다르지 않고, 공이 색과 다르지 않으니 색이 곧 공이고, 공이 곧 색이며 수·상·행·식도 또한 이와 같다'라는 문장은 개인의 수행을 중시하는 인생관을 강조하고 있다.

그리고 뒤에 등장하는 '생겨나지 않고 사라지지 않으며, 더럽지 않고 깨끗하지도 않으며, 더해지지도 않고 덜해지지도 않는다. 고로 공에는 색이 없고, 수·상·행·식도 없다. 눈·귀·코·혀·몸·의식도 없으며, 색깔·소리·냄새·맛·촉각·법도 없다. 이에 안계가 없고 더 나아가 의식계도 없다'

라는 문장은 중생에게 과거부터 지금까지 세상의 우주관을 설명하고 있다.

자성은 공허하며 우주도 공허하다. 그러니 감정과 육신, 재물과 명예, 탄생과 죽음, 해탈에 이르는 것까지 억지로 붙들며 연연해하지 말라.

생겨나지 않고 사라지지 않으며,
더럽지 않고 깨끗하지도 않으며,
더해지지도 않고 덜해지지도 않는다

不生不滅 不垢不淨

불 생 불 멸 불 구 부 정

不增不減

부 증 불 감

진정한 상실은
없다

철저하게 집념을 없애고 외부 환경의 변화에 비추어보지
마라.

주관적인 좋고 나쁨이 없다면 두려움과 번뇌도 자연스럽
게 사라진다.

몇 년 전 일이 너무 바쁜 와중에 이사해야 해서 집의 물건을
정리했다.

바쁜 탓에 매주 조금씩 시간을 내어 집기를 찬찬히 정리하
던 중 주방 입구 구석에서 죽은 바퀴벌레를 발견했다.

주성치(周星馳 저우싱츠)의 영화에서는 바퀴벌레를 작지만
강하다는 뜻의 '샤오창(小强)'이라 부른다. 하지만 그렇다고
해서 그 공포스러운 모습이 나아지는 건 아니다. 이미 죽어

서 미동도 하지 않음에도 나는 건드릴 엄두를 내지 못했다. 집 정리를 계속하면서도 죽은 바퀴벌레를 못 본 척 애써 외면하며 피해 다녔다.

몇 개월이 지난 뒤 바퀴벌레 사체는 마르고 부패해 커피색 먼지로만 남게 되었다. 이렇게 모습이 변했지만 그것이 바퀴벌레 사체라는 걸 알고 있기에 두려움으로 생긴 혐오감은 조금도 사라지지 않았다. 이후 시간이 더 흘러 먼지도 사라졌다. 일부는 개미들이 가져갔고 일부는 바람에 쓸려 사려졌고 마지막 남은 건 빗자루로 청소로 말끔히 사라졌다.

바퀴벌레 사체는 완벽하게 먼지로 돌아갔다. 하지만 나는 주방 구석에 바퀴벌레 사체가 있던 모습을 뚜렷하게 기억하고 있었다.

바퀴벌레에 대한 두려움과 혐오감은 깊게 뿌리박힌 집념이었다. 이 집념을 없애지 못한 나는 바퀴벌레 사체가 완전히 사라진 뒤에도 여전히 혐오감에 괴로워했다. 집념은 생명과 형체가 사라져도 사라지지 않았다.

이런 경험은 '색이 공과 다르지 않고, 공이 색과 다르지 않으니 색이 곧 공이고, 공이 곧 색이다'라는 걸 반증한다. 집념이 존재하는 이상 공에 이를 수 없다. 다시 말해서 깨끗하게 정리할 수 없는 거다.

거울의 먼지는
거울을 없애야만 지워진다

내면의 두려움을 없애는 건 거울에 붙은 먼지를 없애는 것과 같다. 우리가 최선을 다해 닦아도 먼지를 완전히 없애지는 못한다. 오직 거울을 없애야만 먼지도 사라질 수 있는데, 여기서 거울은 모든 사람의 마음속에 있는 집념을 가리킨다.

외부 환경이 어떻게 변화하든
집념을 철저히 없애고 싶다면
거울에 비추어보지 말아야 한다.
왜냐하면 주관적인 좋고 나쁨이 없다면
두려움과 번뇌도 자연스럽게 사라지기 때문이다.

《심경》의 '이 모든 법의 공한 상은 생겨나지 않고 사라지지 않으며, 더럽지 않고 깨끗하지도 않으며, 더해지지도 않고 덜 해지지도 않는다'라는 문장은 불교에서 말하는 '육불(六不 여섯 가지 아니함)'이다. 이 문장에서 등장하는 세 가지 대조군인 '생겨남'과 '사라짐'(형체의 상대적 변화), '더러움'과 '깨끗함'(자질의 상대적인 변화), '더해짐'과 '덜해짐'(수량의 상대적 변화)을 '육불'로 볼 수 있다.

사실 사람들은 습관적으로 이런 '두 가지 대립' 기준을 사용해 세상의 모든 상황을 판단하고 상대적 상실감에 빠진다. 그러나 삶의 진짜 모습을 받아들인다면 상실감도 존재하지 않는다.

나중에 후회하는 것보다
이 순간에 최선을 다하는 게 낫다

'생겨남'과 '사라짐', '더러움'과 '깨끗함', '더해짐'과 '덜해짐'은
사실 동시에 발생한다.

사람은 태어나는 순간부터 죽음을 향해 나아가기 시작한
다. 자동차는 출고되어 운전을 시작하는 순간부터 낡기 시
작한다. 대형 빌딩을 건설하면 녹지는 자연히 줄어든다. 하
지만 지구 표면에 일어나는 변화는 광활한 우주의 영원한 법
칙 운행에 영향을 미치지 못한다. 형식상 줄어들고 증가하는
것처럼 보이지만 무한의 관점에서 봤을 때 '이 모든 법의 공
한 상은 생겨나지 않고 사라지지 않으며, 더럽지 않고 깨끗하
지도 않으며, 더해지지도 않고 덜해지지도 않는다.'

최근 몇 년 동안 '양자역학(Quantum mechanics)' 연구나
에너지 보존의 법칙(law of conservation of energy)이 영혼의

영역에도 응용되고 있다. 인류의 생로병사, 희로애락, 심지어 텔레파시나 자기장 상호작용 등에도 두루 적용된다. 생명이 끝나면 먼지가 되어 자연의 땅, 물, 불, 바람의 일부분이 된다. 모든 건 생겨나고 사라질 뿐 더해지거나 덜해지지 않는다는 것이다.

사랑하는 사람이나 반려동물이 죽었어도 당신의 마음속에 오래도록 존재한다면 완전히 사라진 게 아니다.

사랑하는 사람이나 반려동물을 잃었다고 해서
지나치게 슬퍼할 필요는 없다.
어느 날 자신의 몸도 사라지게 될 거라는 사실을
명확히 알기만 하면 된다.
그럼 상실의 슬픔에 집착하지 않고,
오히려 사랑했던 사람과 반려동물을 대신해서
적극적으로 인생을 살며
영혼의 에너지를 뿜어내고 광채를 낼 수 있다.

부모가 돌아가신 뒤 효도를 하지 못했다는 사실에 괴로워하며 오랜 기간 우울해하던 친구가 있다. 그 친구는 《심경》을 수백 번 읽고 필사한 뒤에야 비로소 과거를 후회하는 것보다는 현재에 최선을 다하는 게 낫다는 걸 깨달았다. 최선을 다해 잘 사는 것이야말로 돌아가신 부모님을 기리는 가장 좋은 방식이다. 그리고 만약 기회를 통해 그리움과 사랑을 도움이 필요한 어르신이나 다른 사람에게 베푼다면 상실로 말미암은 슬픔이 아름다운 축복으로 변할 수 있다.

고	로	공	에	는	색	이	없	고	,
수	·	상	·	행	·	식	도	없	다

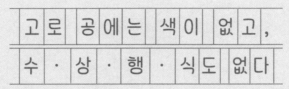

是故空中無色　無受想行識

시 고 공 중 무 색　무 수 상 행 식

가져서는 안 되는 생각을
적극적으로 없애라

공허한 자성을 깊이 이해해야
명예를 탐하거나 호화스러움을 부러워하거나
권세에 연연하지 않을 수 있다.
이것은 '개인에 대한 보호'에서
'전 세계 생태 보호'로까지 이어지는 중대한 프로젝트다.

260자밖에 되지 않는 《심경》에는 '무(無)' 자가 21회 등장한다.

이처럼 '무' 자는 《심경》에서 가장 많이 출현하는 글자다. '무'와 '공'은 추상적인 개념이지만 《심경》에서는 엄격한 논리를 가지고 있다.

반드시 먼저 '무'를 깨달아야 비로소 '공'을 이해할 수 있다. 그리고 '무'를 깨달으려면 현재를 충실히 살고, 명료하게 인식하며, 자신을 편안히 하고, 몸과 마음을 자유롭게 해야 한다. 그렇지 않으면 '무'를 깨달을 수 없다.

《심경》에서 '오온이 모두 공허하다'라는 문장은 개인 수행의 관점으로, 오온(색·수·상·행·식)의 구성 요소가 영원불변하지 않으니 상대적 관계가 변하면 인식되는 상태도 변한다는 의미다. 그러므로 개인 수행을 할 때는 오온의 방해에서 벗어나야 한다.

반면 '고로 공에는 색이 없고, 수·상·행·식도 없다'라는 문장은 우주의 관점으로, 오온이 항상 존재하지 않는다는 의미다. 그러니 일부러 오온에서 벗어나려고 하는 것도 일종의 집착이다. '오온에서 벗어나야 한다'라는 생각을 내려놓아야 비로소 진정으로 번뇌에서 해탈할 수 있다.

일상생활에서 발생하는 사례를 예로 들자면 사람이 집념을 가지는 이유는 '오온이 모두 공허하다'라는 걸 알지 못하기 때문이다. 그러니 집념을 제거하고 싶다면 독소를 배출해 불순물을 깨끗이 없애야 한다.

현대인 중에는 식이요법이나 운동에는 관심이 없으면서 효소, 유산균 등 독소 배출에 도움이 되는 건강식품을 구입해서 복용하는 경우가 있다. 이렇게 무턱대고 인공적으로 만든 합성식품을 먹는다면 오히려 몸에 부담이 될 수 있다. 식이요법을 하고 꾸준히 운동하는 습관을 들이면 몸에서 자연적으로 독소가 배출되므로 굳이 건강식품을 먹을 필요가 없다.

모든 음식 재료는 자연환경에서 오는 만큼 환경에 독소가 없고 균형 잡힌 식사를 하며 적당한 운동을 꾸준히 한다면 일부러 몸에 독소를 배출할 필요도 없어진다.

《심경》에서 '고로 공에는 색이 없고, 수·상·행·식도 없다'라는 문장은 다시금 중생에게 공허한 자성을 깊이 이해하면 명예를 탐하거나 호화스러움을 부러워하거나 권세에 연연하지 않을 수 있다고 말해준다. 항상 가져서는 안 되는 생각과 부질없는 환상을 비워야 모든 집념을 빠르게 내려놓을 수 있다.

이것은 '개인에 대한 보호'에서 '전 세계 생태 보호'로까지 이어지는 중대한 프로젝트다. 그러니 항상 명료하게 인식하는 일과 자신의 몸과 마음을 편안하게 하는 걸 첫 번째 바람으로 삼아야 한다.

몸과 마음을 편안히 하는 건 항상 자신을 일깨우는 것이자 계속 배우고 정진해야 하는 과제다.
그러니 인식하려 노력하고 실천하며
적극적인 태도로 부정적인 숙명(宿命)을 바꿔야 한다.

여기서 문제는 어떻게 하면 명료하게 인식하고 자신의 몸과 마음을 편안히 할 수 있느냐에 있다.

가장 간단한 방법은 스스로 자문자답하면서 자신의 몸과 마음이 편안한지를 확인하는 것이다. 이것은 '진정한 내가 되는' 첫걸음이다. 적극적으로 인식하는 능력이 부족한 사람은 진정한 내가 되기가 어렵다.

나는 과연
'정신이 있는가, 없는가?'

과거의 경험을 떠올리며 스스로에게 '지금 이 순간 나에게 정신이 있을까? 없을까?'라고 물어본 적 있는가? 만일 물어본 적이 있다면 대답은 무엇이었는가?

대부분은 이런 경험이 부족한 나머지 다른 사람에게 '정신이 있는 거야 없는 거야?'라는 질문을 받곤 한다. 이런 질문을 받았을 때는 주로 '몸은 있고 마음은 없는' 상태에 놓여 있는 경우다. 예를 들어서 수업에 집중하지 않고 멍하니 창밖을 바라보고 있거나 고개를 숙인 채 휴대폰 만지고 있지만, 사실은 아무것도 보고 있지 않은 것처럼 말이다.

그 모습을 본 선생님이 보람이라는 학생에게 "보람아 정신이 있는 거야 없는 거야?"라고 묻는다고 해보자.

그럼 보람이는 '정신이 있느냐 없느냐'는 질문을 제대로 이해하지 못한 채 "네?"라고 반문하고는 선생님의 처벌이나 야단을 기다릴 거다.

그리고 보람이가 성인이 된 뒤 선생님이 아니라 그의 연인이나 배우자에게 질문을 받았다면 보람이는 '아주 심각한 상황'에 처해 있는 거다. 그 결과는 단순히 처벌이나 야단에 그치지는 않는다. 만약 위기를 제대로 처리하지 못한다면 연애나 결혼이 파탄 나는 심각한 상황에 부닥칠 수 있다.

직장에서도 마찬가지다. 몸과 마음이 합일되지 않는다면 다른 사람이 보기에 '몸만 있고 마음은 없는 상태'로 보일 거고 업무에서 효율을 내기도 힘들다.

가벼울 경우 회의 중에 넋이 나가서 내용을 이해하지 못할 거고 심각한 경우에는 자신이 맡은 업무를 왜 해야 하는지를 알지 못할 거다. 지금의 상황이 불만스러우면서도 바꾸지도 못한 채 걸어 다니는 시체처럼 무기력하게 하루하루를 산다면 자유로운 인생이라고 할 수 있을까?

진정으로 자유로운 경지는 공무(空無)다.
비우는 게 아니라 내려놓아야 한다.
정좌한 채 명상하는 연습을 하는 것처럼
현재에 집중하려 한다면 더없이 편안해질 수 있다.

사실 《심경》은 단지 '자성은 모두 공이다'라는 이치를 말하고 있지만, '인연에 의해 생겨나는' 모든 순간을 명확하게 인식하고 적극적으로 행동한 후 '인연에 의해 사라지는' 끝에 다다라야 후회도 완전히 사라질 수 있다.

소유하고 있을 때는 적극적으로 노력하고, 없을 때는 상실감을 받아들여라. '고로 공에는 색이 없고, 수 · 상 · 행 · 식도 없다'라는 경지에 이르면 '비우는 것'이 아니라 '내려놓을' 수 있다. 자신을 초월하고 다른 사람을 넘을 수 있다.

보살이 되고, 더 나아가 어느 날 성불한다는 게 바로 이것이다. 이처럼 《심경》은 독자들을 격려하며 부드럽게 일깨워준다.

소유하고 있을 때는 적극적으로 노력하고,
없을 때는 상실감을 받아들여라.
항상 깨어 있다면 '비우지' 않고 '내려놓을' 수 있다.

눈·귀·코·혀·몸·의식도 없으며,
색깔·소리·냄새·맛·촉각·법도 없다.
이에 안계가 없고 더 나아가 의식계도 없다.

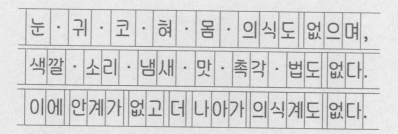

無眼耳鼻舌身意 無色聲香味觸法
무 안 이 비 설 신 의 무 색 성 향 미 촉 법

無眼界 乃至無意識界
무 안 계 내 지 무 의 식 계

진정으로 맑고
새로운 향기

오쇼 라즈니쉬는 '공무는 피안의 향기다'라고 말했다.

그것은 연꽃 천 개의 꽃잎이 동시에 피어나는 아름다움과 희열이다.

우리는 많은 수행을 거쳐

더는 바라는 게 없을 때 무엇이든 얻을 수 있다.

내가 개설한 '여성 글쓰기반'에서 한 수강생이 비인두암에 확진되었다. 그는 수업 시간에 작성한 글로 암에 걸리기 전후의 삶을 우리와 공유했다.

그중에 일부 단락은 지금 다시 읽어봐도 무척이나 감동적이다.

암에 확진되기 전에 그는 직장에서 아주 유능한 직원이었다. 오랜 시간 회사 고위 책임자로 있으면서 공장을 관리했다. 그리고 어느 날 몸이 좋지 않아 받은 검사에서 비인두암 진단을 받은 뒤 그는 '암과 함께 살아가는' 기나긴 여정을 시작하게 된다. 그는 직장을 그만두고 시골 고향으로 내려와 부모님의 농사일을 도왔다.

여러 차례의 수술과 항암치료로 완쾌될 수는 있었지만, 후유증으로 후각과 미각이 손상되었다. 이에 수술받은 뒤에는 다른 치료법도 병행했다.

그러던 중 그는 '단식 캠프'에서 암으로 손상된 후각과 미각이 조금씩 회복되는 신기한 경험을 했다.

일정 시간 단식 체험을 한 뒤 교사가 체험단을 위해 채소 수프를 준비할 때였다. 솥에는 감자, 양배추, 토마토 등 신선한 제철 채소와 과일 외에 다른 특별한 재료는 들어가지 않았다. 하지만 수십 시간 단식을 한 덕분인지 별것 없는 이 소박한 음식이 무척이나 달고 맛있게 느껴졌다.

이런 맛은 후각과 미각을 잃기 전에는 경험해보지 못한 맛이었다. 그가 경험한 이 감미로운 맛은 입과 코를 통해서가 아니라 순수한 감사해하는 마음을 통해 느껴진 거다.

맛있는 음식으로 내면의 좌절을 회복하고 싶어 하지만

그의 경험을 들으면서 나는 최근 대만의 요식업 발전과 고질적인 식품 안전 문제를 떠올렸다.

사회형태가 발전하면서 맛있는 음식으로 내면의 좌절을 위로하고 스트레스를 풀고 싶어 하는 사람들이 늘어나고 있다. 더구나 배달이 편리해지면서 선택할 수 있는 음식의 종류도 다양해졌다.

이에 음식을 다루는 방송 프로그램이나 인터넷 채널이 큰 인기를 끌고 있다. 프로그램에서 사회자, 게스트, 셰프, 인터넷 방송인, 심지어 일반인까지 음식을 추천하고 맛있게 먹는 법을 소개한다. 이들은 음식을 먹으면서 촬영을 하다가 할말이 사라지면 "음~", "맛있다", "정말 식감이 좋다" 등의 말로만 맛을 표현한다.

이러한 추세에 영향을 받아 일부에서는 원가를 낮추기 위해 식품첨가제를 지나치게 많이 사용하거나 건강에 좋지 않은 재료를 사용하기도 한다. 그래서 연달아 식품 안전 문제가 발생하자 일부 시민단체에서 안전하고 건강한 먹거리를 알리며 되도록 '제철', '현지' 음식을 먹으라고 격려하기 시작했다. 그리고 시민들도 '건강한 맛'을 중요시 생각하고 '소박한 음식'에서 본연의 맛을 체험하는 법을 알아가고 있다.

이렇게 본연의 소박한 맛을 다시 주목하면서, 우리는 비로소 영혼을 위로하는 건 맛있는 음식 등 외부의 자극이 아니라 내면에서 우러나는 순수함이라는 걸 이해할 수 있다.

감각과 생각은
모두 인연에 의해 생기고 사라진다

《심경》의 '눈·귀·코·혀·몸·의식도 없으며, 색깔·소리·
냄새·맛·촉각·법도 없다. 이에 안계가 없고 더 나아가 의
식계도 없다'라는 문장은 감각기관의 접촉을 통해서 얻게 되
는 짧은 경험을 이야기하고 있다.

여기서 '눈'은 '색깔', '귀'는 '소리', '코'는 '냄새', '혀'는 '맛', '몸'
은 '촉각', '의식'은 '규칙'과 상응한다. 그러니 종합해서 말하
자면 '눈'부터 '의식'까지 모든 건 끊임없이 변화하는 만큼 중
생은 감각기관에 현혹되지 말고, 사물의 겉모습에 집착하지
말아야 한다.

아름다운 외모는 시간이 지남에 따라 시들기 마련이고, 듣
기 좋은 목소리도 바뀌기 마련이다. 향기로운 냄새는 오래
맡으면 느껴지지 않고, 맛있는 음식이 반드시 건강에도 좋은

건 아니다. 또 신체 감각의 느낌은 모두 인연에 의해 생겨나고 생각은 때와 장소에 따라 달라질 수 있다.

모든 사물은 상대적으로 대응하는 존재다. 예를 들어서 사랑하지만 이뤄질 수 없는 사람에게는 미운 감정이 생기지만, 전혀 신경 쓰이지 않는 사람에게는 미운 감정이 생기지 않는다. 가지고 있는 집착을 내려놓아야 번뇌도 사라진다. 하지만 그렇다고 해서 원하는 것도 없고 하고 싶은 것도 없이 소극적으로 인생을 살라는 건 아니다. 우리는 적극적으로 생명의 진상을 대면하며 끊임없이 '쥐고', '내려놓는' 과정을 통해 활기 넘치는 인생을 단련해야 한다.

더는 바라는 게 없을 때
무엇이든 얻을 수 있다

나는 오쇼 라즈니쉬의 '공무는 피안의 향기다'라는 말을 좋아한다.

그것은 연꽃 천 개의 꽃잎이 동시에 피어나는 아름다움과 희열이다. 이 말은 무척이나 추상적이라서 다양한 실천을 통해 몸소 이해해야 한다. 그러므로 여기서 아주 간단한 연습 방법을 소개하고자 한다.

친구나 배우자와 의견이 맞지 않아 언쟁이 벌어지면 당신은 상대방이 자신을 존중해주지 않는다고 생각한다. 하지만 당신이 선입관을 내려놓고 논쟁을 잠시 멈춘 채 상대방의 이유와 주장에 경청해본다면 서로 존중한다는 느낌이 자연스럽게 생겨날 것이다.

집념은 형체가 없는 장애물이다.

우리가 자신만 옳다는 생각에서 벗어날 때

상대방에게도 옳은 점이 많다는 걸 인정할 수 있다.

생명에 대한 사랑, 명성, 재산, 성과…… 이 모든 건 같은 이치다. 진정한 소유는 모든 걸 내려놓는 그 순간부터 가질 수 있다.

무명도 없고,
또한 무명이 다하는 것도 없으니
더 나아가 늘어 죽는 것도 없고
늘어 죽음이 다하는 것도 없다

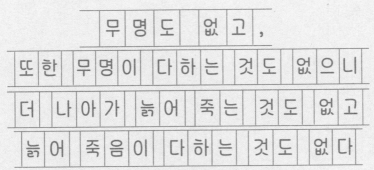

無無明 亦無無明盡
무 무 명 역 무 무 명 진

乃至無老死 亦無老死盡
내 지 무 노 사 역 무 노 사 진

지금 이 순간이
가진 힘

당신은 이번 생을 살게 된 이유를 알고 있는가?

'무명'은 삶에 대한 무지(無知)를 말한다. 즉, 자신이 어디에서 왔고 이곳에서 뭘 해야 하고, 죽은 뒤 어디로 가는지를 모르는 것이다.

만약 지금껏 이 세 가지 문제에 대해서 고민, 탐색, 학습을 해본 적 없다면 그동안 무지몽매한 나날을 살았던 셈이다.

큰 사고를 겪거나 가까운 친척이 중병에 걸리거나 사망하는 경우에야 비로소 이 세 가지 문제를 고민하기 시작하는 경우가 있다. 나도 이런 사람들을 본 적이 있다. 이들은 극심한 변화를 겪지 않으면 아무 생각 없이 인생을 산다. 그래서 불교에서는 이런 사람들의 영혼이 약간이라도 발전하려면 여러 차례 윤회를 통한 학습이 있어야 한다고 본다.

또 다른 유형으로는 자신이 어디서 왔고, 이곳에서 뭘 해야 하고, 죽은 뒤 어디로 가는지에 대해서 고민을 거듭하는 경우이다. 일찍부터 문제의 해답을 찾으려 노력하는 이들은 마음 공부, 영혼 수행에 적극적으로 참여할 뿐만 아니라 심지어는 심리 상담이나 영매의 최면을 활용해서라도 자신과 가족의 삶을 끝까지 들여다보려 한다.

지나치게 전생에 몰입하면
함정에 빠지기 쉽다

무지는 사람을 두렵게 한다. 애플의 창업자 스티브 잡스 (Steve Jobs)는 스탠퍼드 대학교 졸업식 연설에서 "항상 배고 파하고 우직하게 나아가라(Stay hungry. Stay foolish)"라고 말하며 졸업생들에게 어리숙하고 용맹스럽게 앞으로 나아가며 새로운 사물을 배우라고 격려했다.

성엔법사도 《심경》의 '무명도 없고, 또한 무명이 다하는 것도 없으니 더 나아가 늙어 죽는 것도 없고 늙어 죽음이 다하는 것도 없다. 고 · 집 · 멸 · 도도 없고 지혜도 없고 또한 얻음도 없다'를 설명하며 이렇게 말했다.

"지혜로운 사람은 스스로 지혜롭다고 생각하지 않는다. 이것이 바로 진정한 지혜다."

그는 신도들에게 지혜를 겉으로 드러내지 않아 어리숙해

보이는 '대지약우(大智若愚)'와 깊은 골짜기처럼 넓은 마음인 '허회약곡(虛懷若谷)'의 자세로 번뇌에서 벗어나고 탄생과 죽음을 초월할 수 있는 큰 지혜를 배우라고 격려했다.

삶에 대한 의문을 꾸준히 탐구하는 태도는 좋다. 하지만 호기심 탓에 함정에 빠질 위험이 있는 건 알아야 한다. '전생과 이승'을 탐구하기 위해 많은 돈과 시간을 들여 영혼 수행을 하려다가 사기를 당하기도 한다.

나는 다행히도 일찍부터 성옌법사에게 배울 기회를 얻을 수 있었다. 성옌법사는 신도들에게 '전생과 이승'에 지나치게 빠지지 말라고 경고하며 다음과 같은 이유를 들었다.

모든 사람의 전생, 그리고 수많은 전생을
완전히 규명할 수는 없다.
우주의 첫 시작으로 거슬러 올라갈 수 없는 만큼
현재를 충실히 살면서 해야 할 노력에 집중하는 게 낫다.

나의 보잘것없는 경험에 비춰보면 전생과 이승에 지나치게 관심을 가지면 자칫 '숙명론'에 빠지기 쉽다.

'숙명론'에 빠지면 이번 생이 자기 뜻대로 되지 않고 불행한 '원인'을 전생 탓으로 돌리고 지금의 삶은 그 '결과'일 뿐이라고 단정 짓는다. 하지만 자신이 스스로 바뀌어 새롭게 행동한다면 스스로 운명을 바꾸는 '원인'이 되어 남은 삶과 내세를 다르게 만들 수 있다는 건 알지 못한다.

전생 탐색을 그만두고, 경험을 긍정적으로 해석하는 법을 배워라

해외 학자 중에도 오랜 시간 '전생과 이승'을 주제로 연구를 진행한 경우가 있다. 이들은 전생을 거슬러 올라가는 체험이 지금의 상황을 이해하고, 신체 질병과 인간관계를 치료하는 데 도움이 된다고 본다. 그래서 일부 자신이 불행을 타고났다고 생각하는 사람들은 최면사의 도움을 받아 전생을 보는 것으로 위로를 받으려 한다. 전생을 보는 찰나의 순간을 통해 자기 내면의 상처를 치료하려 하는 거다.

물론 최면을 통해 전생을 보는 게 내면의 상처를 치료하는 데 효과가 있을 수 있다. 하지만 나는 개인적으로 스스로 노력해 발전하는 걸 더 중요하게 생각하는 편이라 지금 이 순간에 충실해야 한다고 생각한다.

그래서 전생을 보는 데 지나치게 몰두하는 사람들에게 끝이 어디인지 알 수 없는 전생을 알려고 노력하기보다는 지금에 최선을 다하라고 충고한다.

어쩌면 전생을 보는 것으로 과거 발생한 일들을 이해할 수도 있다.
하지만 이보다 더 중요한 건
참신하고 열정적이고 건설적인 각도에서 과거의 일들을 분석하고
생각과 행동을 고쳐 새로운 기회를 만들어내는 거다.

예를 들어 당신과 항상 부딪치는 친구가 전생에 원수였다는 걸 알았다고 해보자. 서로 노력해 사이가 좋아질 수 있는데도 전생에 원수였다는 이유로 우애를 맺는 걸 주저한다면 결국에는 서로 못마땅해하며 계속 싸우기만 할 거다.
하지만 서로 어울리고 화합하고 싶어 한다면 상대방이 전생에 원수였던 건 중요한 일이 아니다.
알게 된 전생의 정보가 의미 있으려면 집착이 아니라 내려놓는 데 도움이 되어야 한다.

한 사람만 즐거운 건
진정한 즐거움이 아니다

전생의 기억이나 업을 깨끗이 정리하고 싶은 사람들에게 내가 오랜 시간 사용해온 방법을 공유하고자 한다. 그건 바로 《호오포노포노의 비밀(Zero limits)》(하와이 원주민들의 전통적인 문제해결법과 심리 치료 과정을 담은 책-역주)에서 소개된 네 가지 말 '미안합니다!', '감사합니다!', '용서해주세요!', '사랑합니다!'를 속으로 말하는 것이다.

이 말은 우리가 내면을 더 잘 정리할 수 있게 도와주고 새로운 정보를 더 많이 얻을 수 있게 해준다. 그리고 이번 생을 살게 된 이유를 더욱 명료하게 이해하고, 일상생활의 크고 작은 상황을 구체화해서 잘못된 판단으로 해로운 결정을 하지 않게 한다. 작게는 '주차할 곳을 찾으려면 어디로 가야 하는지'부터 크게는 '지금 연인과 결혼해도 되는지'까지 신성한 안내를 얻을 수 있다.

불교 신도들은 끝없는 윤회 속 생사를 초월할 수 있기를 바란다. '무명도 없고, 또한 무명이 다하는 것도 없으니 더 나아가 늙어 죽는 것도 없고 늙어 죽음이 다하는 것도 없다'라는 문장의 의미를 철저하게 이해하면 삶에 연연하며 죽음을 두려워하거나 체념한 채 무기력하게 살지 않을 수 있다. 탄생과 죽음 사이에서 멋있게 인생을 살며 다른 사람을 돕고 번뇌에서 벗어나 피안에 이른다.

한 사람만 즐거운 건 진정한 즐거움이 아니다. 완전한 행복은 모두가 함께 즐거울 때 찾아온다.

완전한 행복은 자신에게 충실하고
다른 사람도 행복하게 해주는 삶을 사는 일이다.

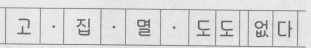

고 · 집 · 멸 · 도도 없다

無苦集滅道

무 고 집 멸 도

번뇌와의
두더지 게임?!

우리가 자유롭게 번뇌와 공생할 수 있다면
번뇌가 나타나도 지나치게 신경 쓸 필요가 없다.
번뇌가 환상이라는 걸 깨닫는다면 조금의 영향이나 방해
도 받지 않게 된다.

최근 몇 년 동안 나는 나 자신도 도움을 받고, 다른 사람에게
도 도움을 주기 위해 '치유'를 주제로 한 강의를 많이 듣고 배
웠다. 그리고 몇 가지 자격증을 취득한 뒤에는 도움이 필요
한 경우 일대일 강의 형식으로 도와주었다. 그렇게 다양한
상담 경험을 쌓으면서 나는 육체, 감정, 영혼에 문제가 발생
하면 몸과 마음도 '불편한' 느낌이 든다는 사실을 발견했다.
인지 능력이 강한 사람만이 이런 '불편함'을 느낄 수 있고 명

확하게 묘사해낼 수 있었다.

대부분은 힘들고 불편하면서도 "어디가 불편하신가요?", "불편한 정도가 어느 정도 되세요?"라고 물으면 정확하게 대답하지를 못한다.

서양 의학은 환자의 증상을 정확하게 파악해 병에 맞는 약을 처방한다. 엑스레이, 초음파, 내시경, 양전자 단층촬영과 같은 서양 의학에서 사용하는 검사 도구들은 모두 병의 증상을 정확하게 파악하기 위한 것들이다.

이처럼 신체 기관의 증상은 의료 검사 기구를 활용해서 파악할 수 있지만, 희로애락과 같은 감정의 변화는 전적으로 개인의 판단에 의지해야 한다. 감정이 불편할 때 그 이유를 쉽게 판단할 수 있으면 상관없지만, 판단해내지 못한다면 나아질 방법도 찾기 어려워진다.

더구나 감정이 불편하고 불안한 이유는 개인적인 문제에서부터 삶에 대한 각종 의문까지 다양하다.

《심경》에서 '고 · 집 · 멸 · 도도 없고'라는 문장은 '사성제(四聖諦, 네 가지 성스러운 진리란 뜻으로 고 · 집 · 멸 · 도로 구성된 불교 교리 -역주)'를 명확하게 정리하고 있다. 여기서 '고'는 생로병사로 말미암아 삶에 집착하고 죽음을 두려워하는 등 고통을 말한다. '집'은 이러한 고통의 원인이 모이는 걸 말하고 '멸'은 고통의 원인이 더는 계속 만들어지지 않아 생사에서 해탈하는 걸 말한다. 그리고 마지막 '도'는 수행을 통해 고 · 집 · 멸을 끊어내는 걸 말한다.

번뇌를 주제로 토론하면 대부분 '두더지 게임'처럼 번뇌를 다뤄야 한다고 생각한다. 두더지가 구멍에서 나올 때 망치로 때려 다시 들어가게 만드는 것처럼 번뇌도 제거해야 한다는 거다. 하지만 다년간 영혼 수행을 진행하며 인생을 경험한 나는 다르게 생각한다.

인생의 모든 고통과 번뇌를 없애는 건 불가능하다.
그러니 온갖 방법을 동원해 없애려고 애쓰기보다는
번뇌와 함께 공생하는 법을 배우는 게 낫다.
번뇌가 그곳에 있다는 걸 자연스럽게 받아들이면
쫓아내려 조급해할 필요도 없어진다.

우리가 자유롭게 번뇌와 공생할 수 있다면 번뇌가 나타나거나 존재해도 지나치게 신경쓸 필요가 없다. 번뇌가 짧거나 긴 시간 동안 이어져도 환상이라는 걸 깨닫는다면 조금의 영향이나 방해도 받지 않게 된다.

심각한 질병의 경우 의사의 처방에 따라 열심히 약을 먹고 치료해도 건강을 예전 상태까지 회복하지 못하거나 팔과 다리를 자유롭게 사용하지 못하는 경우가 있다. 나의 어머니의 경우 25년 넘게 중풍에 시달리셨고 그 외에도 고혈압, 당뇨 등 유전성 만성질환을 앓고 계신다. 게다가 몇 년 전에는 암이 발병해 고초를 치러야 했다. 다행히 지금은 많이 좋아졌지만, 병이 빠르게 악화되지 않도록 계속 약을 처방받고 식이요법을 하고 있다.

어머니를 간호하며 병원을 자주 들락거리다 보니 자연스레 불안감과 피로감에 시달렸다. 그때 나는 스스로 지금의 상황을 받아들이고 병과 공생한다면 괴로움 속에 갇히지 않을 수 있다고 다독였다. 이것이 바로 번뇌를 없애는 방법이다.

'해결할 수 있는 일은 걱정할 필요가 없고, 해결할 수 없는 일을 걱정해도 소용없다'라는 말이 있다. 일이나 사람에게 온 마음을 다해 노력했음에도 단시간 안에 좋아지지 않는다면 그것과 평화롭게 공생할 줄 알아야 한다.

지나친 번뇌는 걱정과 괴로움만 키울 뿐이다. 번뇌를 떨쳐내지 못하는 이유는 초점을 자신에게 두고 지나치게 자기 검열을 하기 때문이다. 이럴 때 눈을 돌려 다른 사람에게 관심을 가진다면 번뇌에 갇히지 않을 수 있다.

마음이 편안해지는 비결은
마음의 불편함을 조급히 쫓아내기보다는
그것이 있음을 자연스럽게 받아들이는 일이다.

일이나 사람에게 온 마음을 다해 노력했음에도
단시간 안에 좋아지지 않는다면
그것과 평화롭게 공생할 줄 알아야 한다.

자기중심적인 생각을 버리고
다른 사람에게 관심을 가져라

공익 단체 '무한 사랑 악단'은 오랜 시간 활동하며 다양한 장소에서 공연을 진행했다. 이 악단은 시각 장애인, 청각 장애인은 물론이고 뇌 기능이 손상되어 몸과 마음에 장애가 있는 음악가들로 구성되어 있다. 이처럼 장애를 가지고 있지만, 이들은 모두 하나같이 긍정적이고 밝다. 이들을 만나면서 나는 장애와 자유롭게 공존할 수 있다면 타고난 능력에 더 집중해 아름다운 연주를 할 수 있다는 사실을 발견했다.

어느 시각 장애인 연주자는 시간이 날 때면 휴대폰 프로그램을 가지고 우리와 놀길 좋아했다. 그가 함께 일하는 사람들을 휴대폰으로 찍으면 생김새와 특징을 묘사해 상대방의 모습을 이해할 수 있게 도와주는 프로그램이었다. 한번은 휴대폰 프로그램이 파마머리를 한 여자를 젊은 남자로 묘사해서 모두 박장대소를 터뜨리는 일도 있었다. 그 덕분에 공연을 앞두고 긴장감이 풀리면서 무대 위에서 더 좋은 호흡을 펼칠 수 있었다.

이런 경험을 통해서 나는 자기중심적인 생각을 버리고 다른 사람에게 관심을 가지는 게 중요하다는 걸 알게 되었다. 다른 사람에게 베풀려 하면 자연스럽게 번뇌와 걱정을 내려놓을 수 있고 내면이 평화로워질 수 있다. 이것이 바로 진정한 지혜다. 삶에 장애물을 없앨 수 없다면 최소한 장애물에 방해받지 말아야 한다.

반대로 '자기중심적'으로 생각하며 자신의 번뇌를 없애는 데만 집중한다면 목적을 달성한 뒤에는 소극적으로 변하게 된다. '계속 노력하며 살 필요는 없는 것 같아!', '이 정도 했으면 됐어!'라고 생각하는 거다.

이건 무상함을 잘못 해석한 것으로 또 다른 집착으로 이어질 수 있다.

성옌법사는 《금강경》을 해설하면서 "응당 머무르는 곳 없이 그 마음을 내야 한다(應無所住, 而生其心)"란 문장은 자기중심, 자기 가치판단에 집착하지 말라는 의미라고 말했다. 번잡한 세상 속에 있더라도 세상에 휘둘리지 말며 중생에 대한 연민과 지혜의 마음을 품어야 한다.

진정한 수행은 개인의 '욕심을 줄이고 만족할 줄 알며' 다

른 사람에게 관심을 기울이는 것이다. '자신을 이롭게 한 뒤
에는 다른 사람을 이롭게 해야' 생명의 에너지를 키우고 하
늘이 부여한 능력을 완전히 발휘해 책임을 다할 수 있다.

| 지 | 혜 | 도 | 없 | 고 | 또 | 한 | 얻 | 음 | 도 | 없 | 다 |

無智亦無得

무 지 역 무 득

낙제생인 나에게
우등생이 가르쳐 준 것

총명한 사람은 자신의 이익만 생각하는 반면
지혜로운 사람은 자신이 가진 것과 아는 것으로
다른 사람이 필요한 걸 이룰 수 있게 돕는다.

이 세상에 스스로 총명하다고 생각하는 사람은 많지만 정말로 총명한 사람은 극소수다. 예를 들어 영재반 학생의 총명함은 시험 성적을 잘 받는 데만 국한될 뿐 삶의 의미와 가치를 사색하는 데는 도움이 되지 않는다.

총명과 지혜는 다르다. 총명이 지능이 높아서 재빨리 반응할 줄 아는 거라면 지혜는 세상의 일을 통찰하고 자비를 품는 일이다. 그래서 총명한 사람은 자신의 이익만 생각하는 반면 지혜로운 사람은 자신이 가진 것과 아는 것으로 다른 사람의 필요를 이룰 수 있게 돕는다.

중학교 시절 공부를 못하고 지능검사에서도 79점을 받은 나는 열등반 학생이었다. 항상 자신감이 없었던 나는 결국 1년 재수한 끝에 고등학교에 진학했다. 유명한 학교는 아니었지만, 그래도 3지망에 드는 곳에 입학했음에도 나는 좀처럼 자신감을 회복할 수 없었다. 오히려 친구들이 '쟤는 재수해서 들어왔대!'라고 놀릴까 봐 두려웠다. 그래서 항상 무기력하고 조용하게 거리를 유지하며 친구를 사귀려 하지 않았다.

반에서 몇몇 친구들은 성적이 굉장히 좋았다. 그런 친구들과 나를 비교하면서 상당한 스트레스를 받았다. 학업이 뒤처지면 3년 뒤 대학 입학에 실패해 다시 재수할 수 있다는 걱정에 시달렸다. 그래서 나는 매일 학교에 남아 자습하며 '피나는 노력'을 통해서 남들보다 머리가 나쁜 단점을 보완하려 했다.

공부하다가 어려운 문제가 나오면 머리를 싸매고 고민하거나 참고서에서 해답을 찾으려 했다. 그러던 중 어느 날 저녁 도무지 풀리지 않는 수학 문제 때문에 괴로워하고 있을 때 반에서 성적이 우수한 친구와 마주쳤다. 그 친구는 펜으로 적어가면서 상세하게 문제 푸는 법을 설명해주었다.

내가 고맙다고 하자 친구가 말했다. "고마워할 필요 없어. 너한테 설명을 해주면서 나도 더 잘 외우게 되었는걸. 굳이 복습할 필요가 없을 정도로 확실하게 외웠으니 오히려 내가 고마워해야지."

나는 그 친구의 겸손한 태도에 친근감을 느꼈다. 그 일이 있은 지도 오래되었지만 《심경》에서 '지혜도 없고 또한 얻음도 없다'라는 구절을 읽을 때면 항상 그 친구의 모습이 떠오른다. '얻지 못할까 봐 괴로워하지 않고 가진 걸 잃을까 봐 전전긍긍하지 않을 수 있는' 자신감이 있을 때 우리는 자유로울 수 있다.

시험 성적이 좋은 건 아는 지식이 많은 것일 뿐이다. 반면 상대에게 따라잡히는 걸 두려워하지 않고 자신이 아는 걸 가르쳐줄 수 있는 건 단순히 지식이 많다고 할 수 있는 일이 아니다. 지혜도 함께 있어야 한다.

번뇌에 시달리지 않는 것이야말로 진정한 지혜다

스스로 총명하다고 자부하는 상인들은 원가를 낮추고 이윤을 높이기 위해서 수단과 방법을 가리지 않는다. 그렇게 위법한 짓도 서슴지 않다가 결국에는 거액의 배상금 때문에 재산을 탕진하고 명예도 잃게 된다. 제 꾀에 자신이 넘어가는 거다.

반대로 자신도 이롭게 하고 다른 사람도 이롭게 하려고 노력한다면 오히려 더 많은 걸 얻을 수 있다. 더구나 이런 사람은 얻고 잃는 것을 신경 쓰지 않기 때문에 자신이 얻은 것에 연연해하지도 않는다.

티베트의 정신적 지도자 달라이 라마(Dalai Lama)는 이렇게 말했다.

"총명과 재능은 우리가 고통을 극복하고 즐거움을 찾는

데 도움이 되지만 문제를 만들기도 한다. 우리는 총명과 재능을 이용해 건물을 짓고 음식을 생산할 수 있지만, 이로써 걱정과 두려움을 만들어내기도 한다."

그는 이러한 어려움을 해결하는 핵심 요령으로 다음을 말했다.

"우리는 반드시 총명, 재능과 따뜻하고 개방적인 마음을 결합하고 이성에 자비, 관심, 공유의 마음을 주입해야 한다. 마음의 이런 특징들은 총명과 재능이 긍정적인 힘으로 바뀔 수 있도록 해주고 마음이 더욱 넓어질 수 있게 해준다. 심지어 예상치 못한 일이 발생했을 때 침착함을 유지해 영향을 받지 않게 해줄 수도 있다. 그러니 우리는 자신을 생각하면서 다른 사람의 행복에도 관심을 기울여야 한다."

《심경》의 '지혜도 없고 또한 얻음도 없다'라는 문장은 높은 성적을 받고 큰돈을 버는 잔머리가 아니라 삶에 연연하지 않고 죽음을 두려워하지 않는 큰 지혜를 말한다.

더는 생로병사, 성공과 명예 때문에
번뇌하지 않는 것이야말로 진정한 지혜다.
그리고 이러한 경지까지 정진해 지혜도 쓸모없어진다면,
비로소 자유롭고 즐거운 해탈에 이르렀다 할 수 있다.

최근 몇 년 동안 마음 공부가 주목받으면서 '깨달음'을 주제로 한 해외 전문가들의 책도 많이 나왔다. 이런 책들은 많은 분량을 할애해 '영혼의 깨달음은 당신이 생각하는 것과 다르다!'라는 주장을 펼친다. 영혼의 깨달음은 한없는 기쁨이나 천국의 즐거움이 아니라는 것이다.

작가 제드 메케나(Jed McKenna)는 저서의 후기에서 "진실하지 않은 건 존재하지 않으며 진실한 것은 영원히 존재한다"라고 말했다. 이 말은 불교 사상과 비슷한 점이 있다. 모든 환상은 결국 공이 되는 만큼 진실한 존재는 오직 자비와 큰 사랑뿐이다.

겸손하되
자신감을 가져라!

돈, 명예는 물론이고 생사의 번뇌에서 해탈할 수 있는 지혜를 얻기 위해 부지런히 노력해야 하지만 언젠가는 또 전부 내려놓아야 한다.

중국 북송(北宋) 시대 정치가 범중엄(范仲淹)은 《악양루기(岳陽樓記)》에서 "외물에 기뻐하지 말고 자신의 상황에 슬퍼하지 말라. 천하의 근심보다 먼저 근심하고 천하의 즐거움보다 나중에 즐거워해라(不以物喜, 不以己悲. 先天下之憂而憂, 後天下之樂而樂)"라고 말했다. 다른 사람이 필요로 하는 걸 항상 생각하며, 이것을 자기 성장 동력과 책임으로 삼으라는 이야기다.

하지만 공익에 도움이 되어야 한다는 생각에 연연해하며 좋은 일을 하고 있으니 지혜를 가지고 있다고 생각해서는 안 된다. 더욱이 삶의 큰 지혜를 얻었다는 이유로 자신이 번뇌에서 벗어나 길흉을 결정할 수 있다고 단정 지어서도 안 된다.

이러한 것들은 모두 불교에서 세 가지 독이라 말하는 탐진치(貪瞋癡 탐욕, 성냄, 어리석음)에 해당하기 때문이다. 그러니 대중을 위해 노력하고 모두가 삶의 본질을 깨달을 수 있게 도와주더라도 그 일에 자부심을 가져서는 안 된다.

'생사를 간파하고', '번뇌를 초월'하는 큰 지혜도 마찬가지다. '간파'하되 '단념'하지 말라는 것은 인생을 분명하게 이해하면서 항상 마음속에 선한 생각을 품고 있으라는 것이다. 이 말을 이전에 언급한 '내려놓되 비우지 말라'라는 말과 결합하면 '간파하되 단념하지 말고, 내려놓되 비우지 말라!'라가 된다. 이것이 바로 진정한 큰 지혜다.

이때의 지혜는 과감하게 사용할 필요가 없다. 지혜가 있는 것과 지혜가 없는 것이 같기 때문이다. 이것이 바로 '지혜도 없고 또한 얻음도 없다'라는 문장의 의미다. 겸손하면서 자신감을 가져라.

모든 환상은 결국 공이 되는 만큼
진실한 존재는 오직 자비와 큰 사랑뿐이다.

| 얻는 | 는 | 바 | 가 | 없 | 으 | 니 | 고 | 로 |

| 보 | 리 | 살 | 타 | 는 |

| 반 | 야 | 바 | 라 | 밀 | 다 | 에 | 의 | 해 | 서 |

以無所得故 菩提薩埵

이 무 소 득 고 보 리 살 타

依般若波羅蜜多故

의 반 야 바 라 밀 다 고

'나를 사랑하라'가 들어가는
제목의 책

사랑의 최고의 경지는 자비심이다.
그리고 가장 큰 자비는 가장 작은 공감에서 생겨난다.
자신의 주관을 내려놓고
다른 사람의 요구에 공감할 때 자비를 배울 수 있다.

진정한 내가 되어라! 가장 단순한 일임에도 지금 시대에는
어려운 일이 되었다. 이전에 인터넷 서점 검색창에 '자신', '자
기', '나'를 키워드로 검색을 해본 적 있다. 그러자 제목에 해
당 단어가 포함된 책이 10만 권 넘게 검색되었다.

그 책들을 찬찬히 살펴보던 중 나는 그중 대부분이 베스트
셀러에 오른 적 있다는 사실을 발견했다. 특히 '자신을 사랑
하는 법'을 다룬 책들의 호응이 좋았다. 내가 쓴 책 중에서도

《자기 양성(栽培自己)》,《행복을 품은 자신(擁抱幸福的自己)》,《내일의 나를 더 사랑하자(更愛明天的自己)》와 같은 책들의 반응이 더 컸다. 이 점은 사람들이 자신의 자아를 찾고 타고난 능력을 발휘하는 데 관심이 많다는 걸 보여준다.

내가 《심경》을 읽고 깨달은 점을 적은 이 책 역시 자신을 사랑하는 방법을 공유하고 싶어서 쓰기 시작했다. 자신을 이해하고 올바른 방법으로 자신을 사랑하는 건 아주 중요하다.

자신을 사랑하는 것과 관련된 다양한 관점을 접하고 많은 문장을 읽어 본 결과, 전문가마다 주장하는 방법이 다르다는 걸 발견했다. 이들 중에는 '나부터 사랑할 줄 알아야 다른 사람을 사랑할 수 있다!'라는 주장을 펼치는 경우도 있다. 나는 과거 '자신을 사랑하는 것'과 '다른 사람을 사랑하는 것'의 선후 논리 관계를 진지하게 고민해본 적이 있다. 하지만 아무리 진지하게 고민해도 '나부터 사랑할 줄 알아야 다른 사람을 사랑할 수 있다'고 확신할 수는 없었다.

사실 '자신만 사랑하는 것'은 '개인의 이기심'의 발현이자 내면에 안전감이 없을 때 나타나는 경고 신호다. 그 이유는 다른 사람 없이 혼자서는 살 수 없기 때문이다. 우리의 영혼은 서로 공감하고 연결될 수 있다.

'자신을 사랑하는 것'과 '다른 사람을 사랑하는 것'은 동시에 이뤄질 수 있으며, 더구나 동시에 이뤄져야 의미 있다. 다른 사람이 존재하지 않으면 자신도 의미를 잃게 된다. 더욱이 우주에 존재하는 사랑은 무궁무진해서 아무리 써도 사라지지 않는다. 그러니 내가 '다른 사람을 사랑'한다고 해서 '자신에 대한 사랑'이 부족해질 수는 없다.

불교에서 말하는 큰 사랑은 사랑의 최고의 경지이자 자비심이다. 그리고 가장 큰 자비는 가장 작은 공감에서 생겨난다. 자신의 주관을 내려놓고 다른 사람의 요구에 공감하려할 때 자비를 배울 수 있다. 그래서 나는 '먼저 나를 사랑할 줄 알아야 다른 사람을 사랑할 수 있다!'라고 주장하는 전문가들은 안전감이 부족해서 '자신을 먼저 사랑'하는 중요성을 강조하는 거라고 생각한다.

'자신을 사랑하는 법'과 '다른 사람을 사랑하는 법'을 알기 위해서는 먼저 '진정한 내가 되어야' 한다. 그렇다면 '자신'이란 개념은 어디서부터 오는 걸까?

진정한 나다움은
어디에서 오는 걸까?

'스스로 자(自)' 자는 간단한 필획으로 구성되어 있지만 다양한 의미를 가지고 있다. 한자 사전으로 '스스로 자(自)' 자를 찾아보려고 할 때 대부분 어느 부수에서 찾아야 하는지 알지 못한다. 그래서 '스스로 자' 자를 '획순을 알기 힘든 글자 목록'에 포함해둔 사전들이 많다.

'스스로 자' 자는 총 6획으로 되어 있으며 부수는 '스스로 자'이다. 즉 글자가 곧 부수인 셈이다. 둥화서국출판(東華書局出版)의 중국어 사전에 따르면 '스스로 자' 자는 상형문자다. 코의 모양을 묘사한 글자로 본래 의미는 '코'였다. 하지만 사람들이 자신을 지칭할 때 주로 본인의 코를 가리켰기에 자연스럽게 '자신'을 뜻하는 의미로 사용되면서 '코'라는 뜻은 '코비(鼻)' 자로 대체되었다.

부모 교육 전문가 양리룽(楊俐容) 선생이 이와 관련된 서양 심리학 연구를 소개해준 적이 있다. 바로 유아의 코를 붉게 칠하는 실험이었는데, 이때 유아가 자신의 붉은 코를 가리킨다면 자아가 형성되기 시작했다는 의미라고 한다.

'스스로 자' 자에는 자신이라는 뜻 말고도 '원래 이러하다', 또는 '자연히'라는 뜻도 가지고 있다. 그래서 '스스로 자' 자는 '~에서', 또는 '출처'라는 의미도 가지고 있다. 여기서 한자 선생이 될 생각은 없지만 '스스로 자'의 의미와 현대인들이 가장 중요시 생각하는 '진정한 내가 되는 법'에는 직접적인 관련이 있다. '진정한 내가 되고 싶다'고 말하는 사람은 반드시 자연의 본질에 순응해야 한다. 겸손한 태도로 출처, 근원에서부터 자신을 탐색해야 잃어버린 자신을 되찾을 수 있다.

'자신', '자연히', '출처' 세 가지 뜻은 마치 하나로 연결된 고리처럼 밀접하게 관련되어 있다. '진정한 내가 되는 것', '자신을 사랑하는 것'은 잘 먹고 잘 입고 잘 치장하는 게 아니다. 부모, 가정을 소홀히 하고 연장자도 배려할 줄 모른 채 자신을 가꾸는 데만 열중하며 기분 내키는 대로 살아간다면 계속 잃기만 할 뿐 절대 자신을 찾을 수 없다.

'스스로 자(自)'의
'자신', '자연히', '출처' 세 가지 뜻은 항상 같이 다닌다.
그러니 진정한 나다움은 자연에 순응하고 자신을 탐색하며
다른 사람을 배려하는 겸허함에서 비롯된다.

더는 집념에
시달리지 않을 수 있다

《심경》의 가운데 부분(불교 학문을 전문적으로 연구하는 학자들은 불교 경전 구조를 분석할 때 이 부분을 '정종분(正宗分)'이라 칭한다. '주요 부분', '본문'이라는 의미다-역주)인 '얻는 바가 없으니 고로 보리살타는 반야바라밀다에 의해서'라는 문장은 가장 앞의 서문(불교 학문을 전문적으로 연구하는 학자들이 '서분(序分)'이라 칭하는 부분-역주)인 '관자재보살이 깊은 반야바라밀다를 행할 때 오온(五蘊)이 모두 공허하다는 걸 비추어보고 모든 고액(苦厄)을 건넜다'라는 문장과 호응한다.

자신을 사랑하기 위해서 내면의 자신을 탐색해야 한다. 그리고 그렇게 '진정한 자신'을 찾으면 기꺼이 자신을 '내려놓아야' 한다. '나 자신'이 존재하지 않을 때 '두려움'도 사라진다. '자성은 모두 공'이라는 걸 깊이 이해해야 더는 '집념'에 시달리지 않을 수 있다.

집념 없이 다른 사람을 이롭게 하고 중생을 구제하려 해야 비로소 보살이 될 수 있다. 더구나 보살은 성불할 수 있음에도 중생과 함께 배우기 위해 인간 세상에 머무르는 걸 선택한 존재들이다.

'보리살타'는 '보살'의 완전한 호칭이다. '서분'에서 간략하게 '보살'이라 칭한 것과 달리 '정종분'에서 온전한 호칭인 '보리살타'를 쓴 이유에 대해 현장법사가 따뜻한 마음을 가진 중생을 일깨워주기 위해 그런 거라는 말이 있다. 이것이 바로 완전한 지혜의 경지다.

PART 3

인생은 무상한 게 정상이다

깨끗하게 정리하면 내려놓는 게 무엇인지 이해할 수 있다.
번뇌의 족쇄를 풀고 영혼의 자유를 얻어라.
용감히 삶의 해답을 찾으려 나아간다면,
모든 비밀은 출발하려 결심한 마음속에 숨겨져 있음을
발견하게 될 것이다.

마음에 걸림이 없다

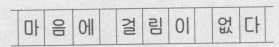

心無罣礙

심 무 괘 애

먼저 손을 놓고
마음을 놓아라

사랑이라는 이유로

다른 사람을 통제하거나 통제받지 않고,

서로 자유로울 수 있어야

양측 모두 자유롭게 호흡하는 감정을 느낄 수 있고

마음에 걸림이 없는 인생을 살 수 있다.

'나다운 내가' 되고 싶어 하면서 '다른 사람에게 보이는 모습'을 신경 쓰는 사람들이 많다. 하지만 다른 사람이 원하는 모습이 때로 내가 이룰 수 없거나 이루기 힘들거나 이루고 싶지 않은 모습인 경우가 있다. 그래서 '다른 사람의 기대와 속박에서 벗어나고 싶다'라고 생각하면서 한편으로는 인정받고 싶어 하는 모순에 빠진다.

자신의 겉모습에 신경을 쓰는 건 '다른 사람에게 호감과 인정을 받고 싶은 마음'이 존재하기 때문이다.

어떤 이점이나 이익을 얻고 싶어 하거나 다른 사람에게 호감을 얻으려 할 때 통제의 함정에 빠질 수 있다. 다른 사람을 통제하고 싶어 한다면 이미 스스로 이런 생각에 통제받고 있는 셈이니 자유로울 수 없다!

진정한 '자유'는 '다른 사람'을 신경 쓰지 않고 '자유로울 수 있는 것'을 말한다.

예를 들어서 길을 걷다가 주인 없는 현금을 주웠다고 해보자. 이때 주변에 CCTV나 행인이 없어도 '내 것이 아니니 가져서는 안 돼!'라고 생각할 수 있는 게 바로 '자유'다.

상대방의 마음을 얻지 못해도
내면에 사랑의 축복이 충만해야 한다

사랑도 마찬가지다. 상대방의 마음을 소중히 여기며 상대방의 자유를 함부로 제약하려 하지 않을 때 자유롭게 사랑을 할 수 있다.

어느 한 지인이 헤어지고 5년 동안 애매모호한 관계를 이어온 전 남자친구와 재결합하고 싶다고 하소연을 한 적 있다.

두 사람은 이미 2년 동안 만난 적이 없었다. 지인은 이전 관계를 회복하고 싶어 했지만, 전 남자친구는 계속 다른 사람을 만났다가 헤어지기를 반복했다. 그리고는 연애가 실패할 때마다 그에게 "너만 한 사람이 없어"라고 말하며 옛사랑에 대한 미련을 버리지 못하게 했다.

시간이 흐를수록 지인은 이런 관계에 지쳐갔다. 그는 전 남자친구와 재결합하기를 간절히 바랐지만, 전 남자친구는 애

매한 태도를 보였다. 그러던 중 두 사람은 두 달 뒤 도쿄에서 만나기로 약속했다. 그는 "매일 재결합하게 해달라고 기도하고 있어"라고 말하면서도 자신 없는 모습을 보였다. 심지어 전 남자친구가 '우리는 친구로 남는 게 좋을 것 같아'라고 말할까 봐 전전긍긍했다.

그가 나에게 물었다.

"어떻게 기도해야 그 사람과 다시 맺어질 수 있을까?"

오랜 시간 고민한 끝에 나는 따끔한 조언을 하기로 결심했다. 상대방이 내 진심을 이해하고 상처받지 않길 바라면서 사실대로 말했다.

"기도하는 방식이 틀렸어. 그가 너에게 돌아오지 않아도 마음속에 사랑이 가득할 수 있게 해달라고 기도를 해야지! 상대방의 승낙을 받든 그렇지 않든 마음속은 항상 사랑의 축복으로 가득해야 해."

그는 지혜로운 사람이었다. 내가 충고해준 그날 밤 "덕분에 정신을 차리게 되었어."라는 답변을 받았다.

사랑의
참뜻

내려놓는 법을 배워야 자유로워질 수 있다. 나의 지인이 빠르게 이해하고 미련을 떨쳐낼 수 있었던 건 내가 충고를 해줘서가 아니라 그것이 우주의 원리를 바탕으로 한 사랑의 참뜻이기 때문이다.

　진정한 '자유'는 무의미한 이해득실에 휘둘리지 않고
　다른 사람을 통제하려 하지도 않는다.
　휘둘리거나 통제하려 하지 않을 때 서로 진정한 자유를 이룰 수 있다.

　항상 다른 사람의 결정을 통제하려 하는 사람은 자유롭게 살 수 없다. 그럴 수밖에 없는 가장 주요한 원인은 이미 그 생각에 스스로 통제받고 있기 때문이다. '통제'는 일종의 허구다. 사랑하는 사람을 놓아줄 수 있어야 진정으로 편안한 사랑을 시작할 수 있다.

먼저 손을 놓고 마음을 놓아라. 이 말은 사실 이중적인 의미가 있다. 하나는 두 사람이 서로를 통제하지 않아야 서로를 편하게 믿을 수 있다는 의미다. 그리고 다른 하나는 두 사람이 헤어지기로 했다면 원치 않더라도 상대방이 잘 떠날 수 있도록 해서 각자 다른 곳에 안정적으로 마음이 자리를 잡을 수 있게 해야 한다는 의미다.

사랑하든 사랑하지 않든 '각자 편안해야' 한다.

사랑은 통제하거나 통제당하는 게 아니다. 사랑은 상대방이 자유롭기를 바라며 스스로 자유로운 것이다. 그러니 사랑이라는 이유로 통제하려 하거나 통제받지 말아라. 서로 자유로울 수 있어야 양측 모두 자유롭게 호흡하는 감정을 느낄 수 있고 마음에 걸림이 없는 인생을 살 수 있다.

마음에 걸림이 없을 때 사랑하든 사랑하지 않든 자유로울 수 있다. 이것은 더욱 진실하고 더욱 충실한 사랑이다.

사랑은 서로 편안하고 자유로울 수 있어야 한다.

걸림이 없으므로 두려움도 없다

無罣礙故 無有恐怖

무 괘 애 고 무 유 공 포

구름처럼 자유롭게
살아라

심지어 '구속받지 않으려 하는 것'에 집착해서는 안 된다.
어떤 경지에 이르길 바라거나
구속 없는 상태에 도달하길 바라는 것도 일종의 구속이다.

나와 연령대가 비슷한 대만 독자라면 《황제의 딸》을 쓴 충야
오(瓊瑤)의 소설 《나는 한 편의 구름(我是一片雲)》을 읽어보았
거나 각색한 영화를 본 적이 있을 것이다. 그 작품에는 '구속
없이 오고 간다'라는 낭만적인 문장이 등장하는데 여기에는
아주 깊은 인생철학이 담겨 있다.

성옌법사는 생전에 '구름 운(雲)'자를 활용해 《심경》의 '얻
는 바가 없으니 고로 보리살타는 반야바라밀다에 의해서 마
음에 걸림이 없다. 걸림이 없으므로 두려움도 없다'라는 문

장의 의미를 이렇게 해석했다.

"보살의 마음은 산중의 구름으로 비유할 수 있다. 구름은 부르지 않아도 오고 몰아내지 않아도 간다. 빼곡히 이어진 산봉우리 사이를 오고 가며 자유롭게 노닐고, 높은 산봉우리를 만나도 길을 멈추지 않는다. 형체도 없이 산봉우리를 통과하고 산허리를 돌아간다. 구름은 분명 존재하고 있음에도 어떤 형식에도 방해받지 않는다. 그 이유는 고정된 목적도 없고 고정된 형체도 없기 때문이다. 구름은 기온, 기류에 따라서 비, 이슬, 우박, 눈, 서리, 얼음, 물, 기체 등 다양한 모습으로 변한다. 이것이 바로 보살의 무심(無心)은 산봉우리를 돌아 나오는 구름과 같다는 의미이다."

'나는 한 편의 구름처럼 구속 없이 오고 간다.'
이것은 감정이 인연에 따라 생겨나고 사라지든, 육체가 생로병사에 시달리든 상관없이 구속받지 않는 태도다.
하지만 자유로워지려 집착해서도 안 된다. 수행으로 어떤 경지에 이르길 바라거나 구속 없는 상태에 도달하길 바라는 것도 욕망인 만큼 일종의 구속이다.
이처럼 《심경》에서 '얻는 바가 없으니 고로 보리살타는 반야바라밀다에 의해서 마음에 걸림이 없다. 걸림이 없으므로 두려움도 없다'라는 문장은 보살과 같이 자비롭고 따뜻한 마음을 가져야 하지만, 그 마음에 구속받아서는 안 된다는 점을 말하고 있다.

사랑을 베푸는 데 마음의 걸림이 있어서는 안 된다

집을 구입해 부모와 가족이 편안하게 살도록 하는 걸 일생의 바람으로 생각하는 사람들이 있다. 이들은 "내가 좀 고생하고 아끼는 건 상관없습니다. 최대한 빨리 계약금을 모으고, 천천히 대출금을 갚아 내 집 마련할 수 있다면 인생에 여한이 없지요."라고 말한다.

이건 사람이라면 누구나 가질 수 있는 바람이고, 좋은 일이기도 하다. 하지만 지나치게 절약하며 자신을 혹사한다면 가족 앞에서 좋은 얼굴을 할 수 없고, 가족들이 자신의 헌신을 알아주지 않는다고 불만을 품게 된다. 그럼 집을 구입할 돈을 모으기도 전에 가족들과 관계가 불편해진다. 그리고 이 갈등은 집을 구입한다고 해서 해소되지 않는다.

이들은 가족이 더 나은 삶을 살 수 있도록 노력한다. 그 마음이 비록 자비로워도 선의에 집착하고 돈 걱정을 내려놓지 못하면 목표를 실현하는 데 장애가 된다.

십여 년 전 메노나이트 기독교 병원(Mennonite Christian Hospital)에서 화롄시 서우펑현 지역에 간호의 집과 노인 돌봄 공동체를 건설하려 하니 기부금 모금을 도와달라는 요청을 받았다.

많은 자금이 필요한 사업이었지만, 기부금 모금 진도는 굉장히 지지부진했다. 하지만 전체 진행을 맡은 황성슝(黃勝雄) 선생은 초조해하거나 낙담하지 않았다. 그는 오랜 시간을 쏟아야 하는 커다란 목표를 이루기 위해 연도별로 구체적인 계획을 세우고 순서대로 차근차근 실현해 나갔다. 그리고 현재 전체 공동체의 기본적인 모습이 드러난 상태다.

'가장 약하고 어린 형제들에게 예수의 사랑을 실현한다'라는 메노나이트 기독교 병원의 사명은 보살의 자비와 다를 게 없다. 이처럼 사랑은 종교의 경계를 넘고 마음의 걸림 없이 실현될 수 있다.

나는 지금도 몇 년 전 퇴직해 미국으로 돌아간 황성슝 선생이 그립다. 사람은 누구나 시간이 지나면 맡은 직무에서 떠나기 마련이다. 하지만 황성슝 선생의 품격은 사랑처럼, 또는 구름처럼 형식에 구애됨 없이 계속해서 대지에 양분을 공급하고 있다.

화롄에 일 때문에 가거나 여행을 가게 되면 드넓은 하늘 아래 서서 구름이 이동하는 모습을 가만히 바라본다. 과거 여러 곳을 가봤지만, 화롄의 구름에는 독특한 자태가 있다고 생각한다. 산에 그림자를 짙게 드리우는 화롄의 구름은 세상에 가득한 사랑과 공헌하고자 하는 마음을 품고 자유롭게 비상하고 있는 것만 같다.

얻는 바가 없으니 마음에 걸림이 없다.
걸림이 없으므로 두려움도 없다.

'자신을 사랑하기 위해' 치장에 몰입하는 것도 일종의 구속이다

현대인들은 '자신을 사랑하기 위해' 잘 먹고 잘 입고 잘 노는 건 중요시하면서도 내면을 살펴 자신의 타고난 자질과 사명을 찾으려 하지는 않는다. 그리고 '다른 사람의 필요 위에 자신의 가치를 세워야 한다'라는 생각도 하지 않는다. 이처럼 지나치게 자기중심적인 것도 일종의 구속이자 장애다.

진정으로 '자신을 사랑하는 것'은
한 편의 구름이 되어 자유롭게 사는 것이다.
다른 사람에게 관심과 사랑을 베푸는 건
자기중심적인 생각에 갇히지 않는 것이다.
상대방이 자유를 느끼게 할 수 있다면
자신의 이익을 따지지 않고 기꺼이 도와야 한다.

베푼 호의를 상대방이 깨닫지 못하거나 베푼 호의가 효과를 보지 못해도 초조할 필요는 없다. 아집(我執)을 내려놓아야 비로소 이타적일 수 있다.

마지막으로 구름은 '나'를 상징한다. 구름은 바람에 따라 흩어지며 드넓은 푸른 하늘에 머무른다. 이것은 《심경》의 '얻는 바가 없으니 고로 보리살타는 반야바라밀다에 의해서 마음에 걸림이 없다. 걸림이 없으므로 두려움도 없다'라는 문장의 의미다. 이 점을 개인의 감정, 가정, 업무, 사업에 응용해본다면 자아를 발전시키고 보살의 '자비로움을 품은' 정신을 배울 수 있을 것이다.

〈라이프 오브 파이〉의 호랑이가 의미하는 것

진정한 내가 되기 위해서는
필요한 사람이 되려는 억압에서 벗어나야 한다.
기꺼이 자발적으로 베풀면서
이번 삶의 의미와 가치를 완성해야 한다.

자신을 찾고 처신하는 법을 배워라. 이것은 모든 사람의 인생에서 가장 중요한 과목이다. 이 이전에 진정으로 아무 걱정 없이 혼자서 살 수 있는 사람은 없다. 소설《파이 이야기(Life of Pi)》와 각색한 영화 〈라이프 오브 파이〉를 보면 남자 주인공은 바다 위를 표류하면서 호랑이를 동료로 삼아 싸우기도 하고 협력하기도 한다.

어느 영화평론가는 이 영화에 등장하는 호랑이가 모든 사람의 내면에 있는 두려움을 상징한다고 말했다. 두려움의 반대말은 용기다. 그리고 많은 사람이 성공하기 위해서 용기를 바탕으로 노력한다. 하지만 나는 내가 그동안 꾸준히 노력한 이유가 성공하고 싶어서가 아니라 실패가 두려워서였기 때문이었다는 걸 알고 있다. 어려서부터 성인이 될 때까지 많은 좌절을 겪은 나는 실패하는 걸 무척이나 두려워했다. 과거 나에게 실패의 두려움을 극복하는 건 하나의 과제였다.

나는 물욕이 거의 없고 자신을 내세우는 걸 좋아하지 않는다. 그래서 부와 명예에 매력을 느끼기는 했지만 깊게 빠져들지는 않았다. 내가 그동안 나 자신을 몰아세우며 노력한 이유는 오직 하나, 실패가 두려웠기 때문이다. 이렇게 두려움을 이겨내기 위해 노력한 결과로 안락하고 걱정 없는 생활을 할 수 있게 되었지만, 인생의 의미를 추구하는 면에서는 만족할 수 없다.

최근 몇 년 동안 많은 봉사를 하면서 명예와 이익을 바라지 않고 베푸는 법을 배울 수 있었다. 그리고 이를 통해서 자신감을 얻고 내면이 더욱 안정되자 점차 아래의 문장을 이해할 수 있었다.

자아의 가치는 다른 개인 또는 사람들의 필요에 대응해야 비로소 완전해질 수 있다. 원력(願力)이 클수록 능력도 강해진다.

'통제당하는 것'에
존재의 의미를 느끼지 마라

　당신이 얼마나 괴팍한 사람이건, 한 사람 또는 한 커뮤니티에서 서로 대응하는 관계를 통해 '자아'의 의미를 단련할 수 있다. 그렇게 자신을 찾은 뒤에는 어렵지 않게 처신의 철학을 발견해내고 자신이 원하는 즐거움을 얻을 수 있다.

　우리는 '진정한 내가 되고' 싶어 하지 다른 사람의 통제를 받고 싶어 하지 않는다. 하지만 안타깝게도 자신도 모르게 '통제당하는 것'에 익숙해진 사람들이 많고, 특히 '필요한 사람으로 인정받아야 한다는 생각'에 구속당하며 자기 존재를 느끼는 경우가 많다.

　청나라 시대극에서는 '여기 있사옵니다!'라는 대사가 자주 등장한다.

　황제가 황후, 첩, 시종, 관리, 노비를 부르면 해당 사람은

"여기 있사옵니다!"라고 큰소리로 외친 뒤 명령에 따라 행동한다. 그러니 반대로 황제에게 불리지 않는 건 '여기 존재하지 않는다'라는 의미다. 그래서 황궁 안 사람들은 자신이 불리지 않아 공기처럼 보이지 않는 존재가 될까 두려워한다. 황제에게 오랫동안 불리지 않아 서서히 지위와 능력을 잃고 결국에는 자기 자신마저 잃게 된 사람이 다시 불리는 때는…… 바로 숨이 끊어져 죽는 순간이다.

우리는 다른 사람에게 버려지는 걸 두려워하는 탓에 '상대방에게 필요한 사람'이 되는 걸 영광스럽게 생각한다.

봉사를 베풀고 축복해주는 건 좋은 일이다. 하지만 '상대방에게 필요한 사람'이 되는 걸 사명으로 삼고 살아가는 건 의심할 여지 없이 집착이다. '상대방에게 필요한 사람'이 되어서 기쁘다고 할지라도 그것이 '통제당하는' 관계라는 건 변하지 않는다.

필요한 사람이 되고 싶은
집착에서 벗어나라

내가 이런 생각을 공유하면 관심을 보이거나 위안을 얻는 친구들이 많다. 더욱이 다행스러운 점은 이들이 '통제당하는 것'으로 자기 존재의 의미를 증명하려 하는 게 나쁜 방법이라는 걸 깨닫는 점이다. 우리는 지금 청나라 황궁에서 살고 있지 않다. 그러니 그들처럼 비참한 인생을 살 필요는 없지 않을까?

하지만 상황은 생각처럼 낙관적이지 않다. 청나라 황궁에서 살고 있지 않음에도 우리는 여전히 노예처럼 '통제당하는 것', '상대방에게 필요한 사람이 되는 것'을 통해서 자신의 존재 의미와 가치를 증명하려 한다. 이 방법은 지금도 자신의 존재 의미와 가치를 확인하는 가장 흔한 방법이다.

우리는 습관적으로 물욕의 통제를 받는다. 비싼 고급 빵을 사기 위해 줄을 길게 서 있는 사람들을 보면 자기도 모르게 '나도 언젠가 저 빵을 사 먹어야지!'라고 생각한다. 이때가 바로 마음속에 잠자고 있던 물욕이 툭 튀어나와 '여기 있사옵니다!'라고 외치는 순간이다.

또 어린 시절 가정에서 적절한 사랑을 받지 못한 경우 성인이 되어서 불행한 관계에 속박당하는 경우가 있다. 항상 나쁜 사람을 만나 만신창이가 되어야 자신의 존재를 느끼는 것이다.

필요한 사람이 되어야 한다는 통제에서 벗어나 진정한 내가 되어 진심으로 베풀 수 있어야 이번 생의 의미와 가치를 완성할 수 있다. 이와 같은 개념은 개인 수행에도 응용해볼 수 있다. 존재감을 드러내기 위해 베풀어서는 안 된다. 이를 통해서 자신의 가치를 발견할 수 있어야 비로소 존재의 의미를 찾을 수 있다.

우리는 '나는 생각한다. 그러므로 존재한다', '나는 사랑한다. 그러므로 존재한다'와 같은 방법으로 자신의 존재를 증명할 수 있어야 한다. 결코 '나는 사들인다. 고로 존재한다' 또는 '나는 원망한다. 고로 존재한다'와 같은 방법에 빠져서는 안 된다.

두려움에
휘둘리지 않으려면

나는 성옌법사와 대화를 나누며 필기한 내용을 정리해 책으로 출간한 적이 있다. 이 책에서 성옌법사는 생명의 본질을 충분히 이해하지 못하면 두려움에 속박당한다고 언급했다.

두려움은 욕망이 충족되지 못할 때 생겨난다. 두려움을 없애려면, 자신의 사사로운 욕망을 버리고 원대한 바람을 가지고 대중의 이익을 위해 베풀 수 있어야 한다. 이것은 아주 높은 경지다. 하지만 여기서 더 나아가 성불을 이루려면 '버린다'와 '얻다'의 개념도 사라져야 한다.

부처는 자신의 번뇌를 없애고, 중생이 번뇌에서 벗어나는 걸 도와주고 싶어 했을 뿐 다른 건 얻으려 하지 않았고 잃는 걸 두려워하지도 않았다.

《심경》에서 말하는 '걸림이 없으므로 두려움도 없는 것'은

'지혜도 없고 또한 얻음도 없어서' '얻는 바가 없어야' 이뤄질 수 있다. 자신의 사사로운 이익에 얽매여 이해득실을 따지지 않는 법을 배워야 한다.

다른 사람을 위해 봉사하려는 마음을 가지고 자신의 역량에 따라 행동하는 법을 배우며 아울러 인연에 만족할 수 있어야 한다. 실패를 두려워하지 않고, 자신의 노력과 베풂에 걸림돌이 사라져야 비로소 마음껏 자신이 하고 싶은 일, 해야 하는 일을 할 수 있다.

전도와 몽상에서 멀어지게 되어

遠離顚倒夢想

원 리 전 도 몽 상

터무니없는 '꿈'이 아니라 현실성 있는 '이상'을 품어라

이전에 강연 주최 측이 '청년의 꿈'에 어울리는 홍보 포스터 제목을 지어 달라고 부탁했다.

그래서 내가 강연을 계획하면서 어느 나이대 청강생이 가장 많을지 파악했냐고 묻자 직원이 대답했다.

"대부분 직장인일 겁니다."

그 말을 들은 내가 대답했다.

"단순하게 꿈이 아니라 더 실무적인 걸 주제로 강연했으면 합니다."

몇 차례 논의를 주고받은 끝에 직원은 '업무 가치를 창조하는 방법'을 주제로 강연하는 데 동의했다. 주제가 정해진 뒤 그가 뭔가 깨달은 듯한 목소리로 말했다.

"우 선생님, 앞으로는 '꿈'이란 단어는 신중하게 사용해야

겠습니다."

사실 '꿈'이 문제가 아니었다. 어렸을 때는 자신이나 인류 미래에 대해 허무맹랑한 생각을 해도 문제가 되지 않는다. 하지만 성인이 된 뒤에는 다르다. 자신의 인생 방향을 탐색하거나 기초부터 착실하게 전문기술을 배우거나 전문적인 경험을 쌓으려 하지 않고 실현 가능성 없는 터무니없는 꿈만 꾸는 건 위험한 일이다.

최근 몇 년 동안 대만은 물론이고 전 세계가 '경제 불황'에 시달리고 있다. 경제성장이 둔화하거나 심지어 마이너스 성장을 기록하자 많은 매체가 청년들을 격려한다는 이유로 '꿈'의 역할을 과장하고 있다. 이에 현실성 없는 생각이나 행동이 많이 출현하고 있는데, 이는 당사자가 자신만의 방향을 찾는 데 도움이 되지 않을뿐더러 사회 전체에도 좋은 일이 아니다.

그중에서 가장 뚜렷한 경향은 무작정 개인 창업을 격려하는 것인데, 심지어 '노점상을 운영하는 게 회사에 다니는 것보다 낫다'라는 주장을 펼치기도 한다.

대학을 졸업한 청년들은 캥거루족(성인이 된 후에도 부모에게 경제적으로 의존하는 젊은 세대-역주)이 될지언정 월급이 낮은 직장에 취업해 경력을 쌓으려 하지 않는다. 실업률은 치솟는데 기업은 인재를 구하기 힘들어하는 현상이 벌어지는 데에는

'꿈'을 지나치게 강조하는 분위기도 관련이 있다.

꿈을 가지는 건 좋은 일이다. 하지만 사람들이 좋다고 말하는 게 아니라 자신이 원하는 꿈을 갖고 꿈을 이룰 구체적인 실행 계획을 세워야 한다. 그 결과가 이타적이라면 더 큰 영향력을 펼칠 수 있다.

푸방 예술진흥재단의 천아이링(陳藹玲) 이사장은 오랜 시간 공익활동에 투신해왔다. 그는 청년들이 꿈을 가지는 걸 격려하기 위해 '꿈을 펼치는 계획서 선발대회'를 개최해 잠재력 있는 계획서를 선발해왔다.

그리고 그 과정에서 느낀 바를 이렇게 말했다.

"계획서를 보면 꿈이 소극적이거나 구체적이지 않은 청년들이 있어요. 이런 계획서는 미래에 대한 영향력도 없고 더 나은 미래에 대한 대담한 묘사도 없어요."

천아이링 이사장이 살펴본 계획서에는 '자전거로 대만 일주', '유명 가수 되기'와 같은 전망성이 없고 틀에 박힌 꿈들이 많았는데, 이는 매체 보도에 휩쓸려 청년들의 시야가 좁아졌다는 걸 의미한다.

이후 푸방 예술진흥재단은 간사가 직접 팀을 이끌고 시골로 내려가, 소규모 워크샵 형식으로 전문 교사를 초빙해 중고등학교 학생들에게 실습을 지원했다. 이에 영화 촬영이나 커뮤니티 조성 모두 상당한 효과를 거둘 수 있었다.

터무니없는 '꿈'이 아니라 현실성 있는 '이상'을 품어라.

'이상'이 '꿈'을 대체해야 행동력을 가지고 실행에 옮길 수 있다.

'꿈'과 '이상'의 가장 큰 차이는 앞날이 걱정되어 밤잠을 설칠 때 '백일몽(白日夢)'과 같은 비현실적인 생각을 하지 않는 점이다. '이상'은 자신의 인생을 착실하게 계획하고, 전문성을 최대한 발휘하며 부족한 부분을 보완해 하늘이 부여한 능력과 사명을 다하게 한다. 다른 사람이 필요로 하는 곳에서 능력을 최대한 펼쳐 공헌하는 것이다.

현실을 회피하지 말고
인생 계획을 세워라

《심경》의 '전도와 몽상에서 멀어지게 되어 완전한 열반에 이른다'라는 문장은 두 가지를 말한다. 하나는 '전도와 몽상'을 통해 현실성 있는 인생 계획을 세워야 하는 점을 일깨워주고, 다른 하나는 우리가 쉽게 환상을 진실이라 믿고 불가능한 존재를 추구한다는 점을 지적한다.

예를 들어 운동하거나 균형 잡힌 식습관을 지키지 않은 채 성형, 의료기술로 영원히 건강을 유지할 수 있다고 생각하거나, 집안일을 돕거나 아내를 배려하지 않으면서 돈만 벌어다 주는 것으로 가정이 행복하길 바라거나, 좋아하는 사람을 통제해 소유하려 하면서 그 사람이 변치 않고 늙어 죽을 때까지 자신을 사랑해줄 거라 생각하는 것 모두 현실성 없는 환상이다.

인생에서 가장 멀리해야 하는 전도와 몽상은, 젊음에 연연하며 늙고 병드는 현실을 받아들이지 않거나, 즐거움만 좇으며 고통을 감당하려 하지 않거나, 두려움에 사로잡혀 큰 사랑을 베풀려 하지 않는 일이다.

'전도와 몽상'을 멀리할 수 있다면 늙고 병드는 걸 받아들이고, 고통을 외면하지 않으며, 두려움에 통제당하지 않을 수 있다. 이로써 번뇌에 시달리지 않는 고요한 경지에 들어가는 걸 '완전한 열반에 이른다'라고 말한다.

현실성 없이 망념이나 환상에 취해 세운 목적지는 절대 다다를 수 없다. 그러니 현실을 회피하는 사람은 다다를 수 없는 먼 길을 헤매며 온갖 고생을 겪을 수밖에 없다. 지금 이 순간은 마음의 도량이다. 정말 가고 싶은 곳이 있다면 도달하지 못할 곳도 없다.

완전한 열반에 이른다

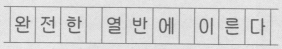

究竟涅槃

구 경 열 반

본래의 마음은
우리를 감동시킨다

가장 큰 기쁨은 가장 깊고 고요한 마음속에 있다.
마음을 통해 육감을 초월하고
있는 그대로의 자신을 펼쳐 보여 천지와 합일을 이루게 된다.

자비를 마음에 품고 환상을 멀리하며 당신의 호흡, 생각을
느끼고 지금껏 겪어온 일과 만났던 사람, 그리고 여러 인생
경험을 떠올려보라.

인생 여정에서 겪어온 여러 우여곡절을 떠올리다 보면 마
음이 저려올 수도, 평온할 수도 있다. 인생은 당시에 내린 선
택과 결정에 따라 바뀐다. 그리고 인생의 기승전결 외에 당
시 품었던 본래의 마음도 우리를 감동시킨다.

본래의 마음을 잊지 않는다면
자신의 마음과 생각의 변화를 파악할 수 있다.
만일 그렇지 않다면 당신의 말, 생각, 사랑, 미움은
모두 당신의 관점이 아니라 맹점(盲點)이다.

오랜 시간 깨달은 득도자, 철학자, 예술가들은 자신의 마음과 생각의 변화를 파악하기 위해 여러 노력을 했다. 그리고 마지막에는 한결같이 마음을 고요히 하는 것이야말로 가장 효과적인 깨달음의 방법이라는 걸 발견했다.

시끌벅적한 도시에서나 인기척 없는 산골 오지에서나 고요한 마음을 가질 수 있어야 한다. 오랫동안 수행한 사람들은 좌선, 참선을 통해 고요한 마음을 유지하며 자신의 마음과 생각의 변화를 파악한다. 그리고 이보다 더 높은 경지에 이르게 되면 외부 환경의 방해에도 마음이 쉽사리 동요하지 않게 된다.

고요한 마음을 갖는 수행을 처음 시작하면 온갖 쓸데없는 생각이 떠올라 방해를 받는다. 하지만 그럴수록 잡생각을 쫓아내려 해서는 안 된다. 오히려 자유롭게 잡생각이 떠오르게 내버려 두면 오래지 않아 사라진다.

가장 큰 기쁨은 가장 깊고 고요한 마음속에 있다.

고요해져라

나는 예전에 라디오 프로그램에서 아카데미와 금마장(金馬獎, 대만의 중요한 영화제-역주), 홍콩 영화 금상장 등에서 수상한 예술가 협금첨(葉錦添 예진텐) 선생을 인터뷰한 적 있다. 그는 〈와호장룡〉, 〈야연〉, 〈적벽대전〉 등 수많은 영화와 무대극 세트 설계 및 의상 디자인을 해왔지만, 오히려 자신의 문학작품에서 심오한 의도를 무심코 드러내며 '정지'된 생각을 포착해내려 했다.

인터뷰를 진행할 때 그는 나와 청취자들에게 다음과 같이 말했다.

"움직일 때는 아무것도 제대로 볼 수 없지만, 고요히 있을 때는 눈앞의 모든 걸 통찰할 수 있습니다."

고요해져라. 모든 동작을 멈춰야 비로소 마음이 고요해질 수 있고, 마음을 고요히 해야 비로소 의미 없는 동작을 모두 멈출 수 있다.

오쇼 라즈니쉬도 고요한 마음의 중요성을 강조했다. 유혹이 가득한 번잡한 환경 속에서 지나치게 자신을 자제하고 억압하며 학대할 필요는 없지만, 마음이 고요해지면 철저하게 깨달을 수 있다. 가장 큰 기쁨은 가장 깊고 고요한 마음속에 있다.

이것이 바로 끝없는 침식(寢息)이다.

가장 고요한 상태에 있어야
비로소 가장 풍부한 의미를 발견할 수 있다.
가장 고요할 때 가장 진실한 마음의 소리를 들을 수 있다.
데시벨로 측정해낼 수 없는 고요함이지만,
이를 통해 모든 마음과 생각의 변화를 판단해낼 수 있다.
이것은 가장 높은 인식이자 마음의 소리를 듣는 방법이다.

고요함은 지혜의 근원이다. 이런 단계까지 스스로 깨달으면 시각, 청각, 감각을 넘어 마음을 통해 육감을 초월하고 있는 그대로의 자신을 펼쳐 보여 천지와 합일을 이루게 된다.

'시작과 끝이 있는' 듯 보이지만 '시작과 끝이 없는' 삶

《심경》에서 '완전한 열반에 이른다'라는 문장은, 모든 번뇌가 사라지고 생사의 윤회에서 벗어나 마침내 가장 큰 해탈이자 영원한 기쁨을 얻는 걸 말한다. 또한 앞에 등장하는 '생겨나지 않고 사라지지 않으며'라는 문장과 호응한다. '동그란 이 거대한 우주에는 시작과 끝이 있으면서 또 시작과 끝이 없다. 삶도 시작과 끝이 있는 것처럼 보이지만 사실은 시작과 끝이 없다.' 열반과 윤회는 다르지 않다.

스스로 깨닫는 방법은 무궁무진하다. 이미 스스로 깨닫고, 다른 사람을 깨닫게 하는 것에서 '모두가 깨닫는(깨달음이 충만한)' 경지에 이르러 성불을 이뤘다고 해도 마찬가지다. 완벽히 깨달은 경지에 이르렀음에도 중생을 불쌍히 여겨 매번 인간 세상으로 돌아와 중생과 함께 배우는 것처럼 말이다.

염원을 타고 인간 세상에 다시 오라. 마음에서부터 다시 시작해라.

| 삼 | 세 | 의 | 모 | 든 | 부 | 처 | 는 |

| 반 | 야 | 바 | 라 | 밀 | 다 | 에 | 의 | 지 | 해 |

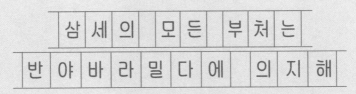

三世諸佛

삼 세 제 불

依般若波羅蜜多故

의 반 야 바 라 밀 다 고

모두가 보살이
될 수 있다

수행의 정도가 아무리 높아도
평범한 사람은 어디까지나 평범한 사람이다.
진정한 성불을 이뤘다면
분명 그것을 자랑하지 않을 것이다.

몇몇 친구들은 내가 상당히 예민하고 직관력이 뛰어나서 공감을 잘한다는 걸 알고 있다. 영혼 수행에 열중하는 사람들과 교류하면서 나는 수행 수준이 높고 법력이 강하다는 '구루(Guru, 힌두교나 불교 등에서 큰 스승을 말함-역주)'를 소개받았다. 여기에는 종교계는 물론이고 영혼 수행 단체나 희귀한 신을 믿는 단체의 사람도 포함이 되어 있었다. 나는 수행에 전념하는 '구루'를 상당히 존경해왔기에 그들이 평범한 사람과 무엇이 다른지 알고 싶었다.

물론 법력의 경우 얼마나 강한지 판단할 수 없었지만, 최소한 '자비'를 가지고 인류에 공헌했는지는 알 수 있었다.

종교계든 영혼 수행 단체든 '사랑', '관용'을 강조하며 '자비'를 구루의 가장 높은 원칙으로 삼는 곳이라면 배울 점이 있다고 생각한다. 하지만 반대로 자신의 입지를 높이려 맹목적으로 다른 방식을 비판하거나 신도에게 순종을 강요하며 물질적 수단으로 삼으려 하는 건 용인할 수 없다.

물론 그렇다고 해서 '구루'라고 불리거나 스스로 '구루'라고 자칭하는 수행자들이 강연, 행사에 참여하거나 사람들에게 상품을 팔면 안 된다고 생각하지 않는다. 정말 약간의 초능력을 가지고 있다고 해도 어쨌거나 그들도 사람인 만큼 생계를 유지해야 한다. 그러니 남들에게는 없는 능력을 활용해 사람들이 길을 찾을 수 있도록 도와준다면 상응하는 보수를 받을 수 있다. 또 그들이 합리적인 가격으로 판매하는 행운을 가져다주는 상품이 사람들의 마음을 위로해주기도 한다. 하지만 아무런 능력도 없으면서 오로지 돈을 벌기 위해 사람들을 속이는 건 용납하기 힘든 비도덕적인 행동이다.

이 외에도 알아차리기 힘든 '사소한 사기 행위'도 있으니 조심해야 한다. 이런 사람들의 수행이나 법력에 대해서는 평가하지 않겠다. '다른 사람을 쉽게 평가하지 않는 것'도 영혼 수행의 기초 과제이기 때문이다. 하지만 주의해야 할 점은 이런 사람들은 처음에는 '무료'로 서비스를 제공하다가 사람들이 모이면 교묘한 수단을 이용해 신도들이 알아서 돈을 바치게 만들고 각종 수단과 평계를 사용해 더 많은 걸 요구한다는 점이다. 그러니 이런 유형의 '구루'를 만난다면 사기를 당하지 않도록 기분에 휩쓸려 동조하지 말고 자세히 관찰해서 판단해야 한다.

올바른 신앙은
신통함을 강조하지 않는다

나도 이전에 어느 사찰 사람을 맹목적으로 믿은 적 있다. 그는 자신을 인간 세상에 내려온 신이라 칭하면서 내가 이미 알고 있는 일이나 아직 일어나지 않은 일을 정확하게 맞췄다. 내가 신기해 친구에게 이런 경험을 설명하자 친구는 그때마다 나에게 "올바른 불교는 절대 신통함을 강조하지 않아"라고 경고해주었다. 그리고 이런 친구의 경고 덕분에 나는 정신을 차릴 수 있었다.

그러던 중 어느 날 그 사찰 사람이 상의할 일이 있다며 나를 찾아왔다. 그는 나와 친분이 있는 어느 기업가에게 기부금을 받고 싶다면서 기부금을 많이 내도록 설득하는 방법을 알려달라고 했다. 방법을 알려주던 나는 마음속이 차갑게 식는 걸 느꼈다.

'정말 신통력이 있다면 기업가가 기꺼이 기부할 거라는 것도 알고 있을 텐데 어째서 나에게 이런 일을 묻는 거지?'

이런 생각이 드는 순간 사찰 확장에 급급해하는 그의 모습이 보였다. 인간 세상에 내려온 신이 아니라 개인적인 목적에 연연하는 사람이라는 걸 확인한 뒤 나는 그와 접촉하지 않았다.

몇 년 전에 자문업무를 하면서 대만 남부에 위치한 어느 민속 신앙 사당에서 왔다는 사람을 만난 적이 있다. 그는 겉으로는 겸손하고 예의가 발랐지만, 사적으로 대화를 나눌 때는 달랐다. 내가 속한 팀의 동료가 공익 자금을 관리하고 있다는 걸 알고는 이익을 얻기 위해 각종 방법을 동원해 동료를 포섭하려 했다.

그는 노력 없이 간교한 혀로 이득을 얻으려 했다. 동료가 계속해서 안 좋은 일을 당하고, 고부 갈등으로 결혼 생활이 힘든 점을 이용해 운세가 나빠서 그렇다고 믿게 했다. 그리고는 온갖 말로 액운을 없앨 수 있게 도와줄 수 있다고 말하면서 자신의 속셈을 서서히 드러냈다. 공익 자금을 자신을 홍보하는 데 사용될 수 있도록 해달라고 요구한 것이다. 동료의 상사가 여러 활동이 부당한 목적에서 이뤄지고 있다는 걸 발견한 뒤에야 그는 행동을 멈췄다.

이후 나는 선량한 가면 뒤에 탐욕스러운 모습을 감추고 있던 그를 떠올리며 항상 영혼 수행 여정에서 올바른 길을 걸어가고 있는지 살펴보고, 터무니없는 말에 유혹되어 잘못된 길에 빠져들지 않는지 경계한다.

'보살'이라 부르는 건 띄워주려는 게 아니라 부드러운 격려다

인생 여정에서 수많은 풍파를 겪으며 '옳지 않은 일'을 경험했고, 덕분에 '옳은 것'을 판별하는 법을 알게 되었다. 그리고 성옌법사 밑에서 인생에서 유용하게 쓸 수 있는 진귀한 가르침을 배웠다. 더욱이 성옌법사는 내가 귀의하도록 직접 도와주셨다. 이것은 엄청난 자애심이 없으면 할 수 없는 일인 만큼 항상 감사하게 생각하며 매일 수행에 정진하려 노력한다.

포광산 싱원법사, 츠지 재단 정옌법사(證嚴法師), 링주산의 신다오법사(心道法師) 등 대만 불교계에서 존경할 만한 가치가 있는 대사들은 많은 신도를 이끌고 있다.

이들은 각자 다른 법문을 수행하고 전수하지만 공통된 특징을 가지고 있다. 바로 수행으로 자신의 욕망을 통제하고 자비로 다른 사람을 이롭게 한다는 것이다. 이것은 보살의 정신과 같으므로 우리도 배울 필요가 있다.

　일부 사찰에서 '신도'를 '보살'이라 부르는 건
　칭찬해 띄워주려는 게 아니라 부드럽게 격려하기 위한 것
이다.
　항상 자신의 본성을 기억하고 모든 사람을 사랑과 자비로
대해야 한다.

　그렇다면 진정한 보살을 알아보는 방법이 있을까? 성불하
려면 얼마나 지혜로워야 하는 걸까?
　《심경》의 '삼세의 모든 부처는 반야바라밀다에 의지해 아
뇩다라삼먁삼보리를 얻는다'라는 문장은 삼세(과거세, 현재세,
미래세), 시방(十方 동 · 서 · 남 · 북 · 동북 · 동남 · 서남 · 서북 · 상 · 하)
의 모든 부처를 가리킨다. 우주가 형성된 뒤 이들이 인간 세
상에 내려와 중생을 교화했다. 이승에서 각기 다른 호칭과
모습을 하고 있지만 '스스로 깨달아' '다른 사람을 깨닫게 하
고' 이에 '모두가 깨닫는' 경지에 이르렀다는 공통된 특징을
가지고 있다. 문장은 이들이 공무를 체험해 훌륭한 수행을
이뤘다는 걸 드러내고 있다.
　여기서 '아뇩다라삼먁삼보리'는 더없이 높은 깨달음이다.
모든 보살이 수행을 통해 이루는 가장 높은 성과이자 세상

사람들이 부처 경지를 알 수 있는 궁극의 깨달음이다.

그러니 '삼세의 모든 부처는 반야바라밀다에 의지해 아뇩다라삼먁삼보리를 얻는다'라는 문장은 《심경》의 본문이자 '정종분'의 가장 마지막 구절인 만큼 한 단락의 맺음말이라 할 수 있다.

그리고 이 문장은 경전을 읽은 사람들에게 중요한 희망과 깨달음을 준다. 바로 부처의 지혜와 자비를 배우면 우리는 모두 보살이 될 수 있으며, 보살은 모두 부처가 될 수 있다는 점이다.

다양한 종교를 포용할수록 그곳엔 모든 신이 모일 수 있다고 생각한다. 그곳은 가장 행복한 곳이자 가장 가까이에서 신을 만날 수 있는 곳이 될 수 있다. 그러니 수행을 통해서 따뜻한 마음을 지닌 깨달은 사람으로 거듭나기를 바란다.

다양한 종교를 포용하는 곳은 모든 신이 모여들어
가장 행복한 곳이자 신과 가까이 만날 수 있는 곳이 된다.

'반야바라밀다'가 총 3번 등장하는 의미

《심경》의 경문을 자세히 살펴보면 '없을 무' 자가 21회 등장하는 것 외에 '반야바라밀다'라는 단어가 단락마다 총 3회 등장하는 걸 확인할 수 있다. 여기서 '반야바라밀다'는 '가장 숭고한 지혜로 번뇌가 생겨나지 않고 사라지지도 않는 피안에 이른다'라는 의미로 쓰이고 있지만, 다른 차원의 의미도 있다.

'반야바라밀다'가 맨 처음 나오는 문장은 '관자재보살이 깊은 반야바라밀다를 행할 때'이다. 여기서는 인생관 측면에서 중생이 오온이 모두 공허하다는 걸 스스로 깨달아야 한다고 격려하고 있다. 그리고 두 번째로 '반야바라밀다'가 나오는 문장은 '고로 보리살타는 반야바라밀다에 의해서'이다. 여기서는 보살의 수행으로 완전한 열반에 이르는 깨달음의 열

매를 얻을 수 있다고 강조한다. 마지막 세 번째로 '반야바라밀다'가 나오는 문장은 '삼세의 모든 부처는 반야바라밀다에 의지해'이다. 여기서는 부처의 수행을 통해 최종적인 경지인 '아뇩다라삼먁삼보리'에 이를 수 있다고 말한다.

즉 '스스로 깨닫는 경지'에서부터 시작해 '다른 사람을 깨닫게 하는 경지'로 나아가 최종적으로는 '모두가 깨닫는 경지'에 이르러야 한다는 이야기다. 이와 같은 깨달음의 수행을 거치면 중생도 보살이 될 수 있으며, 나아가 최종적으로는 성불에까지 이를 수 있다. 이것은 내가 공개 강연이나 성장 수업에서 항상 언급한 '자신을 탐색하고', '자아를 찾고', '아집을 내려놓는' 세 단계다.

불교의 이치를 연구하는 사람들은 항상 '상대론(相對論)'과 같이 비교와 대조를 통해 '자신'과 '다른 사람'의 의미를 논의한다. 여기에는 '나 자신'이 진실이고 다른 모든 건 '허상'이라는 관점도 있고, '나 자신'이 허상이고 다른 모든 건 진실이라는 관점도 있다.

하지만 우리는 무엇을 기준으로 옳고 그름을 판단하는 걸까?

사실 '나 자신'에게도 다양한 모습이 있어 각기 다른 정의를 내릴 수 있다. 소심한 모습도 나고 용감한 모습도 나다. 짠돌이인 모습도 나고 배포가 큰 모습도 나이며, 쉽게 원한을 품는 모습도 나고 용서하려는 모습도 나다. 그래서 모든 자아는 다른 대상과 상반되게 존재할 수 있다.

가장 높은 자비를
베푸는 방법

자신을 위해 베풀면 '좋은 걸 얻을 수' 있지만
다른 사람에게 '좋은 걸 받기'를 기대할 수는 없다.
진정한 자비는 스스로 번뇌하지 않고
다른 사람을 대신해 걱정하지 않는 거다.

자기 스스로 깨달아 자유로워져야 한다. 그 뒤에는, 다른 사람의 필요에 공감하고 다른 사람의 상황에 관심을 가지며, 나아가 다른 사람을 위해 기꺼이 베풀어야 한다. 자기중심적인 입장에 갇히지 않아야 인생이 원만할 수 있다.

진심으로 베푸는 비결은 일부러 다른 사람을 위해 살려고 하지 않고, 이기적으로 자기 이익만 생각하지도 않는 것이다.

물론 의미 있는 삶을 살기 위해서는 세상 사람들을 위해 가치를 창조해낼 수 있어야 한다. 하지만 베푼다는 것은 타고난 재능과 열정을 활용해 필요로 하는 사람에게 도움을 주는 것이지, '다른 사람을 위해 희생'하는 좁은 의미가 아니다.

자신을 위해 베풀면 '좋은 걸 얻을 수' 있지만 다른 사람에게 베풀면서 '좋은 걸 받기'를 기대할 수는 없다. 진정한 자비는 스스로 번뇌하지 않고 다른 사람을 대신해 걱정하지 않는 일이다.

'차안'에서 '피안'에 이른다면 인간관계의 번뇌에서 벗어나 얻고 잃음을 따지지 않고 비방과 칭찬을 두려워하지 않으며 자신이 가진 모든 힘을 다해 다른 사람을 도울 수 있다. 츠지재단을 이끄는 정옌법사는 '달갑게 실천하고 기쁘게 받아들여라!'라고 말했다. 이 말은 부드러운 당부와 함께 깊고 무거운 경각심을 준다.

아무 조건 없이 기꺼이 다른 사람을 위해 베풀며
자신이 희생당한다고 생각하거나 불만을 품지 말아야 한다.
이러한 베풂이야말로 가장 자유롭고 가장 자비롭다.

베푼 뒤 상대방의 만족하는 미소를 보고 자기 행동이 가치 있었다고 생각해서도 안 된다. 이런 생각을 품는 순간 자신의 원하는 결과에 얽매이게 된다. 자신의 기대와 다르게 상대방이 감사함을 드러내지 않아도 내면에 어떤 흔들림도 없어야 한다.

한편 다른 사람에게 베풀지 않고 자신의 상황이 더 좋아지는 데에만 관심을 쏟는다면 끝없는 이기심, 오만함, 자아도취에 빠질 수 있다. 즉 다른 사람의 필요로 하는 점을 보지 못하고 베풀고 공유하는 능력이 사라지게 되어 스스로 세상과 단절하게 된다.

판단과 물음을 잊어버리는
일의 행복

누군가를 사랑하게 되면 고도의 관찰력이 발휘된다.

서로가 가진 마음의 상처를 치료해주고 기꺼이 서로를 위해 베풀며 이 세상에 진정한 사랑이 존재한다는 사실에 감사해한다. 그리고 서로 계속 함께할 수 있을지, 상대방의 마음이 변해 떠날지와 같은 단편적인 기준으로 사랑의 진실성을 평가하려 하지도 않는다.

나무 한 그루, 새 한 마리, 구름 한 편은 모두 독립적으로 존재한다. 그것들은 각기 다른 색깔, 생김새를 가지고 있지만 '어째서 이런 색을 가지고 있지?'라고 의문을 품지 않는다. 그리고 어느 날 나무가 쓰러지고 새가 날아가고 구름이 흩어져도 그것이 존재했다는 사실에는 영향을 주지 않는다.

'나는 누구일까?'

이 질문이 마음속에서 용솟음칠 때가 자신을 인식하기 가장 좋은 때다. 이때 '나는 부처이다'라고 대답할 수 있는 건 염원이자 축복이다.

그리고 그때가 되면 '내가 있음(有我)'과 '내가 없음(無我)'은 중요하지 않게 될 것이다. 시시각각 '인식'해 '공무'를 더 깊이 이해하게 되었으니 말이다.

묵묵히 선행을 베푸는 사람들은 자신의 부귀영화를 버리고 사회를 위해 헌신한다. 자신의 이해득실을 잊은 이들은 다른 사람이 자신을 알아주거나 기억해주지 않아도 행복해하고 즐거워한다. 이것이 바로 얻기 힘든 진귀한 자비다.

다른 사람을 위해 기꺼이 복무하며 끊임없이 정진해 나아가라. 그리고 어느 날 자신이 다른 사람을 위해 복무하며 정진해 나아가고 있다는 걸 잊고, 특별한 목적도 없고 인위적인 행동도 없게 되면 모든 것이 지극히 자연스럽고 아름다워질 것이다!

'나는 누구일까?'라는 질문이 용솟음칠 때가
자신을 인식하기 가장 좋은 때다.

| 아 | 녹 | 다 | 라 | 삼 | 막 | 삼 | 보 | 리 | 를 | | 얻 | 는 | 다 |

得阿耨多羅三藐三菩提

득 아 녹 다 라 삼 막 삼 보 리

지금껏 느껴보지 못한
감동

불교계에 널리 알려진 《심경》은 당나라 시대 현장법사가 인도로 가서 17년 동안 연구한 뒤에 돌아와 장안(長安)에서 번역한 판본이다. 《심경》은 널리 읽힐 수 있도록 현장법사가 핵심 내용을 직접 정리해 260자밖에 되지 않지만, 문장이 아름답고 음운이 조화로워, 후대 불교에 입문하는 사람들이 반드시 읽어야 할 경전이 되었다.

앞에서 언급했듯이 후세 사람들은 맨 처음 문장인 '관자재보살'을 두 가지 의미로 해석한다. 하나는 관세음보살로 보는 것이고, 다른 하나는 깨달음에 이른 따뜻한 마음을 가진 자비로운 보살로 보는 거다. '자유로운' 경지에 이른 보살이라면 모두 여기에 포함될 수 있다.

어느 해석이 맞든 《심경》은 읽는 사람들에게 격려와 깨달음을 준다. '관자재보살'은 배움의 모범이자 수행의 경지다. 그 이유는 깨달음과 따뜻한 마음을 가지는 건 불교 신도들이 도달하고 싶어 하는 목표이기 때문이다.

나는 맨 처음 《심경》을 읽었을 때 깊이 연구하지 않은 탓에 이런 의미를 깨닫지 못했다. 나중에 시간이 흘러 불교계 인사들이나 종교계 인사들이 《심경》을 해석한 작품을 읽으면서 점차 《심경》이 '관자재보살'로 시작되는 데에는 존경의 감탄과 감사의 축복이 담겨 있다는 걸 깊이 깨닫게 되었다.

관세음은 무한한 자비로 중생의 목소리에 귀를 기울이고 고통에서 구제해준다. 이런 관세음의 정신을 진심으로 존경하고 감탄해야 하며, 아울러 배움을 통해 깨달은 모든 사람을 축복하고 감사해해야 한다. '스스로 깨닫고' '다른 사람을 깨닫게 해서' 삶에 연연하며 죽음을 두려워하는 차안을 벗어나, 생겨나는 것도 사라지는 것도 없는 피안에 이르러야 한다.

《심경》의 구조에서 '정종분'(본문)의 가장 끝 문장인 '아뇩다라삼먁삼보리를 얻는다'는 보살이 성불에 이르는 걸 말한다. 더없이 높은 숭고한 지혜를 얻어 스스로 생사의 번뇌에서 벗어나고, 따뜻한 마음을 가진 중생이 깨달을 수 있도록 도와주는 '모두가 깨닫는' 경지에 이르는 것이다.

나는 이런 부분을 이해한 뒤 다시 《심경》을 읽으면서 '관자재보살'이나 특별히 누구를 지칭하지 않는 '삼세의 모든 부처'라는 표현에 진심으로 감탄했다. 그리고 한편으로는 감사했다. 이 작은 게시에 지금껏 느껴보지 못한 감동을 느꼈기 때문이다.

　　이름이나 호칭을 부를 때마다
　　감탄, 축복, 감사의 마음을 가진다면
　　자신을 낮추는 겸손함을 깨달을 수 있다.
　　그리고 만약 우리가 예의를 갖춰 서로를 공경하는 법을 이해한다면
　　모든 관계는 부드럽고 친근하게 바뀔 수 있다.

　우리는 집안에서는 부모, 자녀나 배우자로 불리고 밖에서는 친구, 동료, 선생님, 상사로 불린다. '아빠', '엄마', '남편', '아내', '자식' 등 무엇으로 불리든 이 순간을 소중히 여기며 진심으로 상대방에게 감사한 마음을 가지고 축복해줘야 한다.

　태국에서 활동하며 연예계 인사들에게 많은 존경을 받은 바이룽왕(白龍王)은 이미 세상을 떠났지만, 그가 남긴 명언은 여전히 경각심을 준다. 그중에 몇 가지 소개해보자면 '신에게 평안을 빌고 집으로 돌아와 부모에게 말대꾸한다면 어떻게 평안을 얻을 수 있을까?', '부모야말로 진정한 신이다. 신보다 부모를 더 잘 모셔야 모든 게 순조롭다'가 있다.

상대방을 예를 갖춰 부르면
축복이 끌려온다

가장 높은 숭고한 지혜는

가장 기본적인 일에서부터 시작된다.

수행도 마찬가지다. 가정에서 부모에게 효도하고

형제들과 우애를 쌓는 것에서부터 시작한다.

《심경》의 '아뇩다라삼먁삼보리를 얻는다'라는 문장은 의역이 아니라 음역한 문장이다. 그래서 이 문장은 '아뇩다라', '삼먁', '삼보리'로 나누어 해석할 수 있다. 먼저 '아뇩다라'는 더없이 높은 지고무상이란 의미이고, '삼먁'은 완전하다, 철저하다, 완벽하다는 의미다. 그리고 마지막으로 '삼보리'는 올바른 깨달음이란 의미인데, 여기서 '석 삼(三)'은 숫자 3이 아니라 음역한 것이다.

다만 수백 회 강연하면서 청강생들과 매번 '석 삼'이란 글자에 '여러 차례'와 '완성'의 의미가 있다는 데 공감대를 이뤘다. 맹자의 어머니가 세 번 이사했다는 뜻의 '맹모삼천(孟母三遷)', 세 번 권하지 않으면 예의가 아니라는 뜻의 '무삼불성례(無三不成禮)', 하나를 들어 세 가지를 돌아본다는 뜻의 '거일반삼(擧一反三)' 등을 예로 들 수 있다.

그래서 '삼보리'에서 '석 삼' 자는 음역이면서 동시에 글자 자체의 의미도 있다고 볼 수 있다. 그리고 이 점을 통해 현장법사가 번역할 때 상당한 심혈을 기울여 글자를 선택했다는 걸 알 수 있다.

그렇다면 '아뇩다라삼먁삼보리'를 얻으려면 어떻게 해야 할까? 일단 가장 높은 숭고한 지혜는 가장 기본적인 일에서부터 시작된다는 걸 알아야 한다. 수행도 마찬가지다. 조급해하지 말고 지나치게 목표를 높이 세워서도 안 된다.

'백정도 칼을 내려놓으면 즉시 성불할 수 있다'라는 말이 있다. 개과천선해서 착하게 살라고 격려하는 말이지만 사실 수행하자마자 즉시 성불하는 건 불가능하다.

스스로 참회하며 변화하기로 마음을 먹고 자신과 다른 사람을 해치는 칼을 내려놓기로 결심했다면, 일단 가정에서 부모에게 효도하고 형제들과 우애를 쌓아야 한다. 그렇게 천천히 '성불'로 향하는 길을 걸어가야 한다. 물론 단번에 깨닫는 일을 뜻하는 '돈오(頓悟)'가 아주 불가능한 건 아니다. 그러니 스스로 전진해나가고 다른 사람도 바뀌길 기대하며 서로 격려하고 인내심을 가져야 한다.

여기서 가장 기본적인 방법은 모든 사람을 예로써 공경하는 것에서부터 시작하는 거다.

나는 줄곧 예를 갖춰 상대방을 부르는 건 축복을 부르는 방법이라고 믿어왔다. 만약 우리가 부모에게 예를 갖춰 부르는 것부터 시작한다면 바쁜 생활 속에서도 효를 실천하는 일이 어렵지 않을 것이다.

사실 부모를 공경하고 사랑하지 않는 사람은 치유해야 할 깊은 상처가 있는 경우가 많다. 그래서 우리는 맨 처음 '스스로 깨닫는' 단계로 돌아가 자신을 알고, 부모를 용서하는 법을 새로 배워야 한다. 발전하는 과정에서 마음의 응어리를 풀어야 비로소 진정으로 공감하는 법을 배울 수 있고, 자비를 얻을 수 있다.

부처는 당신이 어떻게 부르든 당신을 사랑한다

《심경》의 '아뇩다라삼먁삼보리를 얻는다'라는 문장은 더없이 높은 부처의 지혜이자 숭고해서 뛰어넘을 수 없는 올바른 깨달음인 '정각(正覺)'을 말한다. 여기서 '삼먁'은 완벽하다, 철저하다, 완전하다는 의미로 조금의 이의나 의심도 용인하지 않는 것이다. 그래서 세상의 어떤 사람이나 어떤 사물로도 비유하기가 어렵지만 유일하게 비유할 수 있는 게 있다면 그건 바로 '사랑'이다! 모든 신의 자비로 흠잡을 데가 없는 완벽한 경지다.

강의할 때 '보살과 부처의 차이점'에 대해서 질문하는 학생들이 많다. 사실 나도 처음 불법을 배울 때 법사에게 같은 질문을 했었다. 질문을 받은 법사는 내가 쉽게 이해할 수 있도록 수행 차이에 대해서는 깊이 다루지 않은 채 설명해줬다.

'보살'은 여전히 자비와 지혜를 구하고 부처는 자비와 지혜의 결합을 완성한다.

《심경》이 '관자재보살'로 시작되는 건 '관세음보살'의 자비로 성불할 수 있다고 중생을 격려하기 위해서다.

한편 '관세음보살'을 '관음보살'로 부르기도 하는데, 여기에는 재미있는 이야기가 전해진다. 바로 당나라 황제인 이세민(李世民)의 이름에 들어가는 '세'자를 사용하지 않기 위해서 '관세음보살'을 '관음보살'로 줄여서 불렀다는 거다

반면 '관세음보살'과 '관음보살'이 한 글자 차이가 나는 만큼 단순히 번역 문제일 뿐이라는 주장도 있다. 만일 첫 번째 주장이 사실이라면 속세의 예법을 지키기 위해서 신의 이름을 바꾼 게 된다. 하지만 신은 별로 개의치 않을 거라 생각한다. 큰 사랑을 품고 있는 자비로운 '관세음보살'은 자신의 이름에 '세'자가 들어가든 말든 따지지 않을 거다. 그러니 신도들도 정말로 '관세음보살'을 사랑한다면 '관자재보살'로 불리든 '관음보살'이나 '관세음보살'로 불리든 신경 쓸 필요가 없다.

자비가 충만한 부처는 중생이 어떻게 부르든 중생을 사랑한다.

사랑은 가장 아름다운
이름이다

이름은 아주 중요하지만,
지나치게 따진다고 해서 꼭 좋은 건 아니다.
자신이 누구인지 알고 해야 할 일이 뭔지 아는 게
다른 사람에게 어떻게 불리고,
어떻게 평가받는지보다 더 중요하다.

현대인들은 자기 이름에 연연하는 경우가 많다. 자신의 인생
목표가 뚜렷하지 않아 노력해도 효과가 없거나 좋은 인연이
없는 걸 부모가 이름을 잘못 지어준 탓이라고 생각하고 작명
가를 찾아가 개명하려 한다. 이렇게 개명한 이름은 주로 특
수한 글자를 사용하기 때문에 쉽게 식별해낼 수 있다. 사주
에 금이 부족하면 개명할 때 '쇠 금(金)'이 부수인 글자로 이

름을 짓고, 물이 부족하면 '물 수(氺)'가 부수이거나 들어가 있는 글자로 이름을 짓는다.

우리는 그동안 《심경》을 다루면서 '관자재보살'이란 이름의 해석에 특별히 집중했다. 하지만 부처가 사리자에게 '삼세의 모든 부처'를 언급한 점도 살펴볼 필요가 있다.

불교에서는 무한한 시간과 공간에서 헤아릴 수 없을 만큼 많은 부처가 출현해 중생을 교화했다고 한다. 그래서 그런지 불교 문헌에는 신령과 부처를 다양하게 부르는데, 아마도 중생이 이름을 정확하게 기억하지 못해 기도를 올릴 때 '천지신명이시여!'라고 개괄적으로 호칭했기 때문일 거다. 그래서 나는 모든 이름이 세상에 축복을 가져다준다고 믿는다.

그중에서도 사랑은 가장 아름다운 이름이다.

스님이 지어준 법명, 회사에서 지어준 닉네임

나의 경우 내 이름에 상당히 만족한다. 부모님이 동명인을 만날 확률이 낮고 또 사람들에게 깊은 인상을 줄 수 있는 독특한 이름을 지어주신 것에 감사한다. 그러다 몇 년 전 나는 성옌법사의 지도하에 정식으로 귀의했는데, 사부는 나에게 '상권(常權)'이라 법명을 지어주며 '권' 자는 중생에게 봉사하는 능력을 뜻한다고 설명해주었다. 한마디로 나에게 막중한 책임과 격려를 동시에 주는 법명이었다.

과거 막 제대해 직장을 찾던 나는 대만의 유명 IT 회사에 지원했었다. 지금도 나는 당시 그 회사 CEO를 잊지 못한다. 면접이 끝나고 정식으로 고용 계약서를 쓰려 할 때였다. 연신 손가락으로 입가 수염을 꼬던 CEO가 나에게 말했다.

"마케팅 부서 담당자의 영문 이름도 에릭(Eric)인데, 에릭 말고 다른 이름으로 바꿀 생각은 없나?"

운명을 바꾸기 위해 한자 이름을 바꾸는 건 그렇다고 쳐도 회사 직원과 영문 이름이 겹치니 바꾸라고 요구하다니? 예상치 못한 요구를 받은 나는 당장 거절하지 않고 돌아가서 생각해보겠다고 말했다. 그리고 고민을 해본 결과 쉽게 개명을 요구할 만큼 직원을 존중하지 않는다는 생각이 들어 입사를 거절했다.

옳고 그름, 맞고 틀림을
내려놓다

앞의 일이 있고 여러 해가 지났지만, 그 당시의 결정을 후회해본 적은 없다. 이후에 여러 외국 IT 회사를 거치면서 더욱더 강하게 당시 결정이 옳았다고 확신하게 되었다. 영문 이름이 같으면 성을 붙여 부르거나 나이나 직급을 근거로 '큰 에릭', '작은 에릭'이라고 부르는 방법도 있었다. 굳이 오랜 시간 사용해온 영문 이름을 바꿀 필요는 없었던 거다. 지금도 동료들이 가끔 나를 '작은 에릭'이나 '스몰 에릭'으로 부를 때가 있는데 상당히 친근하게 느껴진다!

그 일이 있은 뒤로 오랜 시간이 지나 이제는 그 일을 이야기해도 어떤 감정도 생기지 않는다. 심지어 '당시 내 생각이 옳았다'라는 확신도 들지 않는다. 아마도 이제는 영문 이름을 두고 뭐가 옳은지 따질 필요가 없기 때문일 것이다! 사실 당시 결정에 가장 중요했던 부분은 영문 이름을 바꾸는 게 아니라 내가 존중받지 못했다는 생각이었다.

영혼 성장 과정을 거치다 보면 생각도 바뀌게 된다. 진정으로 해탈하려면 '옳고 그름, 맞고 틀림' 등 이원론적인 기준을 전부 내려놓아야 한다! 지금 내 생각이 과거와 다른 이유도 자신을 깊이 돌아보며 '존중받았다'와 '존중받지 못했다'라는 관점을 내려놓은 덕분이다.

내면에서부터 자신이 누구이고
해야 할 일이 무엇인지를 깨닫고
사랑과 신념이 모든 것의 바탕이 된다면
다른 사람이 어떻게 부르고 평가하는지는 중요하지 않게 된다.

자신이 누구이고 해야 할 일이 무엇인지를 깨닫는다면, 아울러 자신의 타고난 능력을 발휘해 중생을 이롭게 할 수 있는 방법을 알게 된다면, 상대방이 어떻게 부르든 신경 쓰지 않게 된다. 심지어 세상의 어떠한 비방도 중요하지 않게 된다.

자신에게 가장 깊은
축복을 내려라

자신을 믿으면 아무리 힘든 난관을 만나도
노력해 헤쳐나갈 방법을 찾을 수 있다.
자신을 축복하고 선량한 마음을 가지기만 한다면
더 많은 행운을 얻을 수 있다.

20년 넘게 알고 지낸 친구 중에 유행에 민감한 친구는 좋은
이름을 가지고 있었음에도 운명을 바꾸고 싶어서 개명했다.
그렇게 개명한 이름은 글자가 특이하고 발음하기도 어려웠다.

이름의 음과 뜻이 나쁜 의미를 연상시키지 않는 이상 나
는 개명을 추천하지 않는다. 하지만 친구가 운명을 바꾸고 싶
어서 개명한 만큼 진심으로 축복해주고 개명한 이름으로 부
르려 노력했다. 다른 친구들은 오랫동안 습관이 됐다는 이유

로 계속 이전 이름을 불렀지만, 나는 친구가 새로운 운명을 가지게 되었다는 걸 상기할 수 있도록 새롭게 개명한 이름을 부르려 노력했다.

한편 이전에 탄 택시에서 여성 운전자가 내가 쓴 책을 읽었을 뿐만 아니라 매일 진행하는 라디오 프로그램도 듣는다고 하면서 팬이라고 한 적 있다.

그렇게 즐겁게 대화를 나누던 중 나는 무의식적으로 사업등록증을 보게 되었고, 여자 이름에 잘 사용하지 않는 '번역할 역(譯)' 자가 쓰인 걸 발견했다. 이에 내가 "혹시 개명하셨나요?"라고 물었다.

내 질문에 그의 눈이 붉어지더니 자신의 기구한 운명을 한탄하며 울기 시작했다. 순간 나는 사주 전문가처럼 그에게 설명해주었다.

"이름에 있는 '역' 자는 '말씀 언(言)', '눈 목(目)', '행복 행(幸)' 자로 구성되어 있습니다. 행복한 일을 많이 말하고 보라는 의미입니다. 그러니 이제 부정적인 생각은 멈추고 항상 행복과 관련 있는 일을 보고 말하려 하며 긍정적으로 인생을 생각하세요."

설명을 끝내자 그가 울음을 멈추고는 살짝 미소를 지으며 말했다.

"우 선생님은 저를 잘 아시네요."

원망, 후회, 연민을 멈추고
자신을 사랑하라

우리는 다른 사람이 나를 알아주기를 바라고, 낯선 사람이 아무렇게 해주는 위로와 축복에 쉽게 감동한다. 하지만 자신에게 '나는 나를 잘 알고 있나?'라고 묻는 경우는 거의 없다.

운명을 바꾸기 위해 정성, 시간, 돈을 들여 이름을 바꿨다면 좋은 운명을 얻고 싶어 했던 과거의 바람을 기억해야 한다. 자신을 원망하며 후회하거나 자기 연민에 빠지는 걸 멈추고 항상 자신을 축복해야 비로소 개명한 효과를 볼 수 있다.

개명이 주는 가장 유익한 선물은 이름에 담긴 염원이다. 단순히 이름을 바꾸는 것으로는 부족하다. 나쁜 성격을 버리고 부정적인 생각을 하지 않아야 비로소 새로운 운명을 가질 수 있다.

이름을 포함해서 자기 자신을 사랑해라. 약간의 단점을 가지고 있더라도 자신에게 만족하고 자신을 믿으면 아무리 힘든 난관을 만나도 노력해 헤쳐나갈 방법을 찾을 수 있다. 자신을 축복하고 선량한 마음을 가지기만 한다면 더 많은 행운을 얻을 수 있다. 이것이 바로 가장 기본이 되는 자비다.

마음속으로 자신에게 공감하는 것이
자비의 시작이다. 설사 약간 부족한 면이 있더라도
자신을 사랑할 수 있어야 한다.
세상 모두에게 버림받은 것 같은 때
더욱더 자신을 사랑하고 아껴라.

진정으로 자신을 사랑하고 아끼는 법을 알게 되면 자신을 떠났다고 생각한 사람들이 사실은 자신을 버린 게 아니라는 것도 알게 된다.

이름을 포함해서 자기 자신을 사랑하라.
세상 모두에게 버림받은 것 같은 때
더욱더 자신을 사랑하고 아껴라.

자신을 축복하는 걸
시작으로 삼아라

《심경》에서 '아뇩다라삼먁삼보리를 얻는다'라는 문장은 생사의 번뇌에서 해탈한 가장 숭고하고 뛰어넘을 수 없는 지혜를 말한다. 그러니 이 문장은 본문(불교 경전 구조에서 정문에 해당)의 마지막 문장이라고 할 수 있다. '인생관', '우주관', '세계인생관'에서부터 시작해 '자성은 모두 공이다'라는 논지를 설명하고 '보살의 경지'를 다룬 뒤 최종적으로는 성불의 수행을 이야기한다. 그러니 '아뇩다라삼먁삼보리를 얻는다'라는 말은 부처의 최종적인 깨달음이다.

《심경》에서 배운 인생의 도리와 '자신을 사랑하는 것'은 미국의 유명한 성공학자인 스티븐 코비(Stephen Covey)의 주장과 연결해서 생각해볼 수 있다. 스티븐 코비가 1989년에 출간한 《성공하는 사람들의 7가지 습관(The 7 Habits of Highly

Effective People)》에는 '끝을 생각하며 시작하라'라는 원칙이 있다. '아뇩다라삼먁삼보리를 얻는 것'을 목표로 삼으면서 목표가 너무 높아 도달할 수 없을 거라는 생각을 해서는 안 된다. 자신을 사랑하고 믿으며 자신을 축복하는 걸 수행의 시작으로 삼아야 한다.

인생은 본래 자신을 사랑하고 믿고 축복하며 '무상'을 적극적으로 깨달아야 한다. 성옌법사는 '인생은 무상해야 정상이다'라고 말했다. 기쁨과 분노, 즐거움과 슬픔, 사랑과 원망은 모두 잠시 스쳐 지나가는 현상에 지나지 않는다. 벌어진 일의 겉모습이나 학대받은 과거의 기억에 얽매여 있어서는 안 된다. 보살의 자비와 부처의 지혜를 배워 자신을 진심으로 축복하고 행복한 미래를 허락해라.

다른 사람이 행복을 주지 못했을지라도 당신은 다른 사람에게 행복을 베풀 수 있다. 그것은 달콤한 말이나 따뜻한 포옹이 아니라 두려움 없는 큰 사랑이다.

PART 4

가장 용감한 자신과 만나는 축복을 누려라

고독한 쪽배처럼 망망대해를 떠돌면서도
피안에 도달할 수 있다는 강인한 신념을 가지고
항상 가장 따뜻한 마음을 품어라.
의문을 버리고 걱정을 내려놓은 채
모든 만남을 통해 이 세상을 아름답게 해라.

그러므로 반야바라밀다는
아주 신묘한 주문이자 밝은 주문이자
더 위가 없는 최고의 주문이자
무엇과도 비교할 수 없는
주문이라는 걸 알아야 한다

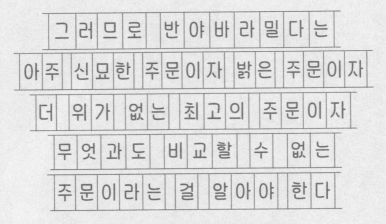

故知般若波羅蜜多
고 지 반 야 바 라 밀 다

是大神呪 是大明呪
시 대 신 주 시 대 명 주

是無上呪 是無等等呪
시 무 상 주 시 무 등 등 주

주문을 외고 경전을 읊는 게
무슨 효과가 있을까?

중요한 것은 진실한 마음일까?

아니면 쓸데없는 형식일까?

진리를 믿는 신념은 형식보다 훨씬 원대하다.

《심경》의 '그러므로 반야바라밀다는 아주 신묘한 주문이자
밝은 주문이자 더 위가 없는 최고의 주문이자 무엇과도 비
교할 수 없는 주문이라는 걸 알아야 한다. 이에 모든 고통을
없앨 수 있고 진실하여 헛되지 않다'라는 문장은 구조상 '유
통분(流通分)'에 해당하는데, '총 결론'이라는 의미다. 여기서
는 다시 한번 《심경》이 보편적이면서 깊은 자비를 가진 경전
이자 지혜가 충만한 지고무상의 수행 법문이라는 점이 강조,
증명된다.

신비로운 힘을 가진 '주문(呪)'은 축복하거나 재앙을 없애 주거나 신과 소통하는 용도로 사용된다. 물론 주문은 하늘의 이치에 위반되는 일에도 사용될 수도 있다. 그래서 주문은 항상 조심히 외워야 한다. 올바른 주문을 사용하며, 사람을 해치고자 하는 마음을 가져서는 안 된다.

주문을 외고 경전을 읊는 건 불교 수행의 중요 방법이다. 신도들은 항상 염주를 손에 쥔 채 주문을 외우고 경전을 읊어 마음의 평화를 얻는다. 하지만 진짜 효과가 있으려면 주문 자체의 효능보다 더 중요한 게 있다. 바로 주문을 외우고 경전을 읊는 사람이 가진 신념이다.

전해지는 이야기에 따르면 시골에 사는 노파는 평생 '옴마니반메훔(唵麽尼鉢銘吽, 번뇌와 죄악이 사라지고 지혜와 공덕이 생겨난다는 주문-역주)'을 외우며 평안과 행운을 기원했다고 한다. 그러던 어느 날 지나가던 승려가 노파가 '훔'을 '우'로 잘못 발음하고 있다고 지적했고, 노파는 주문을 잘못 외워 그동안의 노력이 헛수고가 되었다며 괴로워했다. 그러자 승려가 돌아보며 말했다.

"하지만 그렇게 외워도 괜찮습니다."

승려의 말에 노파는 주문을 잘못 외웠어도 신의 축복을 받을 수 있을 거라 안심할 수 있었다.

정확하게 주문을 외우는 건 중요한 일이지만, 깊은 신념을

가지는 게 더욱 중요하다. 교육이 널리 보급되기 전 글자를
모르는 사람들도 모두 주문을 외고 경전을 읊으며 몸과 마
음의 평화를 얻었다.

그대의
방식대로

친구가 나에게 주문을 외우는 게 연애에도 효과가 있냐고 물은 적이 있다. 진실한 마음을 가지고 노력해 실천하는 것 외에 갖춰야 할 건 뭐가 있을까?

불로장생을 예로 들어보자. 불로장생은 자연법칙에 위반되는 일이자 우리가 예전에 다룬 '전도와 몽상'에 해당하는 일이다. 그러니 아무리 주문을 외우고 경전을 읊는다고 해도 불로장생은 실현될 가능성보다는 실패할 가능성이 더 크다.

《호오포노포노의 비밀》의 작가 조 비테일(Joe Vitale)은 강연에서 "'미안합니다!', '감사합니다!', '용서해주세요!', '사랑합니다!' 네 가지 말을 되뇌는 것과 '나무아미타불(南無阿彌陀佛)'을 외우는 게 뭐가 다른가요?"라는 질문을 받았다.

오랫동안 마음 수행은 해온 조 비테일은 온화한 스승이었다. 그는 자비로운 눈으로 질문한 사람을 바라보며 대답했다.

"어떨 것 같나요? 같은 효과를 볼 수 있다고 생각된다면 자신의 방식으로 마음 수행을 해도 괜찮습니다."

경전을 읊어
자신을 부드럽게 일깨운다

우리가 가시도 없고 울퉁불퉁하지도 않은
평탄한 길만 걸을 수는 없지만,
난관을 뛰어넘을 용기와 능력을 얻을 수는 있다.
생각을 바꾸는 것, 태도를 바꾸는 것, 운명을 바꾸는 것은
하늘이 부여한 것이자 가장 진귀한 지혜의 선물이다.

액운이 사라지는 주문을 외우고 경전을 읊는 게 신과 효과
적으로 소통하는 방식일 수 있다. 하지만 개인적으로 자비
로운 신들은 사람들이 스스로 수행해 깨달아 집념과 번뇌를
내려놓기를 바라지, 크고 작은 일마다 자신들을 귀찮게 하
는 걸 바라지 않을 것 같다.

　성실히 주문을 외우고 경전을 읊는 가장 중요한 이유는 자

신을 부드럽게 일깨우고 축복하는 데 있다.

몇 년 전 내가 사는 아파트에는 홀로 지내는 할머니가 있었다. 할머니는 이른 아침부터 저녁까지 1층 공동현관 앞에 앉아 경전을 읊었다. 자식들이 해외에서 살고 있어 수십 년 동안 홀로 지내왔지만, 이웃들의 눈에 할머니는 건강하고 행복한 사람이었다.

할머니는 크고 작은 일들을 혼자 처리하면서 불평이나 한탄을 조금도 하지 않았다. 종교에 의지해 얻은 영혼의 힘 덕분에 긍정적인 인생 태도를 지니고 있었다.

이후 연로해진 할머니는 병원에 입원했고, 자식들이 돌아올 때까지 기다리지 못하고 병원에서 숨을 거두었다. 그 소식을 들은 이웃들이 애통해하자 할머니의 간호를 책임졌던 인도네시아 국적 간호인이 말했다.

"할머니는 임종하실 때 옅은 미소를 짓고 계셨어요."

임종하는 순간에 옅은 미소를 지을 수 있다는 건 생사를 간파하고 번뇌를 초월했다는 의미다. 이렇게 담담하고 온화하게 자신의 인생과 고별할 수 있는 건 정말 행복한 일이다.

이	에	모	든	고	통	을	없	앨	수	있	고
진	실	하	여		헛	되	지		않	다	

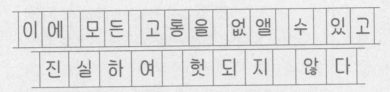

能除一切苦 眞實不虛

능 제 일 체 고 　 진 실 불 허

인생의 고통은 다양해서
말로 표현하기 쉽지 않다

고통을 없애고 즐거움을 얻으려면
이미 가진 나쁜 습관을 고치고
내면에서부터 쇄신을 시작해야 한다.
본래의 마음으로 돌아가 사랑의 본질을 되찾고,
번뇌가 있더라도 번뇌에 구속받지 말아야 한다.

인생의 고통은 아주 다양해서 말로 표현하기 쉽지 않다. 그래서 우리는 자신의 괴로운 마음을 정확하게 설명하기 어려워하고, 다른 사람의 괴로운 마음을 이해하기 어려워한다.

몸과 마음이 정화되어 영혼이 성장하기 전에는 누구나 비교할 수 없고, 우열을 가리기 힘든 각양각색의 고통을 겪는다.

그래서 나는 상담할 때 '당신의 고통을 이해하고 있어요!'

라는 말을 되도록 하지 않는다. 이 말은 듣는 순간 사람마다 다르게 받아들이기 때문이다. 자신이 이해받고 있다고 생각하며 위로받는 사람도 있지만, 다른 사람은 이해할 수 없는 고통에 시달리고 생각하며 더욱더 심한 고립감을 느끼는 사람도 있다.

사실 이렇게 생각하는 게 틀린 건 아니다! 고통을 겪는 사람은 '내 고통을 직접 경험해 보지 않았으면서 어떻게 나를 이해한다고 말할 수 있지?'라고 생각할 수 있다.

표현을 잘하는 사람일수록 견디기 힘든 고통을 잘 설명할 수 있다. 하지만 고통을 하소연하는 데 너무 많은 힘을 쏟으면 도리어 상황을 바꿀 행동력이 떨어지게 된다. 그래서 '고통'은 상당히 미묘한 경험이다. 고통은 성공한 사람을 돕는 디딤돌이 될 수도 있고 실패한 사람이 다시는 일어나지 못하게 하는 걸림돌이 될 수도 있다. 고통과 즐거움은 종이 한 장 차이다. 어떻게 생각하고 바라보는지에 따라 달라진다.

성옌법사는 생전에 《심경》을 설명하면서 고액(苦厄 고통과 재난)을 다음과 같이 몇 가지로 분류했다.

1. '생리적 고통'으로 생로병사 모두 고통이다.
2. '심리적 고통'으로 갖고 싶지만 얻지 못하거나, 사랑하지만 이별하는 것 모두 고통이다.

3. '오온이 왕성해 생기는 고통'으로 탄생과 죽음 사이를 떠
   도는 고통이다.

'액'은 외부 환경의 재난이다. 사람이 조심하지 않아서 생
기는 인재와, 어쩔 수 없이 발생하는 자연재해가 모두 포함
된다. 하지만 요즘에 와서는 자연적으로 발생하는 자연재해
와 인간의 잘못으로 발생하는 인재를 구분하기가 쉽지 않다.
인류가 자연을 아끼고 보호하지 않아 일어나는 자연재해의
발생빈도가 갈수록 높아지고 있다.

  만약 자신이나 다른 사람이 '모든 고액을 건널 수 있도록'
도와주고 싶다면 자신부터 적극적으로 노력해 나쁜 습관을
고치고 내면에서부터 쇄신을 시작해야 한다. 내면과 외면의
집착을 모두 내려놓아라. 본래의 마음으로 돌아가 사랑의
본질을 되찾고 외부의 조건에 부합하려 애쓰지 말아라.

  고통에서 벗어나 즐거움을 얻는 참뜻은 마음이 번뇌로부
터 해탈하는 데 있다. 고통을 초래하는 원인이 여전히 존재
해도, 괴롭거나 성가시지 않는다면 마음은 번뇌에서 벗어나
해탈에 이를 수 있다.

'고통에 저항하는 법'이 아닌 '고통과 이별하는 방법'을 배워라

나는 항상 강연에서 노력하면 '고통과 이별하는 방법'을 배울 수 있으니 '고통을 저항하는 방법'을 알려고 애쓸 필요가 없다고 강조한다.

일상생활에서 자주 접할 수 있는 상황을 예로 들어 보면 마음은 환경이고 번뇌는 바퀴벌레라고 할 수 있다. 환경을 깨끗하게 청소하면 바퀴벌레는 사라진다.

반대로 환경이 더러우면 온갖 방법을 동원해 바퀴벌레와 전투를 치러야 한다. 하지만 바퀴벌레는 살충제 냄새가 진동하는 속에서도 출몰할 거고, 결국 기진맥진해진 당신은 '바퀴벌레는 생명력이 왕성해서 퇴치할 수가 없어'라고 한탄하게 될 거다.

번뇌는 바퀴벌레와 같다. 당신이 싫어하고 두려워하며 내

쫓으려 할수록 당신 주변에 맴돌며 귀찮게 한다. 그러니 자기 내면의 환경을 깨끗이 정리하고 숨을 곳이 없게 해 바퀴벌레가 침범하지 못하게 해야 한다.

번뇌에서 벗어나기 위해서는 행동력이 필요하다.
하지만 육체와 번뇌는 떼어놓을 수 없는 관계인 만큼
육체의 힘만으로 벗어날 수 없다.
'영혼' 학습을 통해서 '육체', '마음', '영혼'이 조화를 이뤄야
한다.

예를 들어서 오랜 시간 병으로 고통받는 사람이 '오온이 모두 공허하다'라는 이치를 깨닫는다면 병의 통증에 괴로워하지 않을 수 있다. 그리고 병과 자유롭게 공존하려는 마음을 가지고 치료받는다면 더 좋은 효과를 볼 수 있다.

인생의 이치는 집중을 통해 더욱 깊어진다

'이에 모든 고통을 없앨 수 있고 진실하여 헛되지 않다'라는 문장은 《심경》의 효과를 다시 한번 설명할 뿐만 아니라 앞에 '서분(서론 또는 머리말)'에 등장하는 '모든 고액을 건넜다'라는 문장과도 호응한다.

'진실하여 헛되지 않다'라는 문장은 앞에서 다룬 내용이 우주의 진리를 설명하고 있다는 걸 강조한다. 세상에 시들지 않는 꽃은 없고 끝나지 않는 연회는 없다. 인생의 무상함은 가장 오래된 진리다. '진실하여 헛되지 않다'라는 문장은 가장 강력한 힘의 증거이자 부처가 사리자에게 베푼 가장 따뜻하고 친근한 깨달음이다.

인생 경험이 풍부한 연장자들은 막 사회에 진출한 청년들에게 피해야 할 함정과 주의해야 할 일을 알려준다. 인생 여정의 안내서나 인생 사용법을 건네는 일이다. 그럼에도 일부 진지하게 귀 기울이지 않는 청년들은 함정에 빠진 뒤에야 '말을 듣지 않아서 함정에 빠졌다!'라는 걸 깨닫는다.

반면 《심경》은 연장자가 규칙을 알려주는 방식과는 다르다. 《심경》에는 '연장자의 말을 듣지 않으면 함정에 빠진다'처럼 위협적인 내용이나 문체는 없다. 오히려 요점을 찌르는 간단한 말로 천천히 인도한다. 수다스럽거나 자질구레하지 않게 짧은 몇 마디로 핵심을 알려준다. 인생의 이치는 항상 집중을 통해 더욱 깊어지고 깨달음을 통해 더욱 많아지는 법이다.

마음 공부로 깨달으려는 사람에게 《심경》이 제시하는 이치는 가장 귀중한 무공 비결과 같다. 그러니 《심경》의 이치가 유실되지 않고 지금껏 전해 내려와 성장하려는 사람들에게 가르침을 주는 건 다행스러운 일이다.

고로 반야바라밀다 주문을 말하니,
즉 주문을 읊는다. 아제 아제
바라아제 바라승아제

故說般若波羅蜜多呪
고 설 반 야 바 라 밀 다 주

卽說呪曰 揭諦揭諦
즉 설 주 왈 아 제 아 제

波羅揭諦 波羅僧揭諦
바 라 아 제 바 라 승 아 제

이기심도 이타심의
수행이다

모든 마음 공부는 개인의 발전을 넘어
사랑하는 사람, 낯선 사람과 함께 삶의 큰 지혜를 얻는 것
이다.

《심경》은 마지막 단락에서 '그러므로 반야바라밀다는 아주
신묘한 주문이자 밝은 주문이자 더 위가 없는 최고의 주문
이자 무엇과도 비교할 수 없는 주문이라는 걸 알아야 한다.
이에 모든 고통을 없앨 수 있고 진실하여 헛되지 않다'라고
전체를 총결한 뒤 복을 기원하는 주문인 '아제 아제 바라아
제 바라승아제 모지사바하'를 덧붙였다.

불교 학문을 연구하는 전문가들은 주문은 번역하지 말고
독음 그대로 말해야 효과가 있다고 주장한다. 더구나 일부

주문은 번역할 알맞은 한자를 찾을 수 없거나 번역하면 너무 길어져서 낭송하기 어려워질 수 있다.

하지만 자세한 의미가 궁금하지 않은 사람들이야 상관없겠지만, 지식을 탐구하는 사람들은 문장이 가진 의미를 끝까지 파헤쳐 봐야 직성이 풀린다.

그러니 궁금해하는 사람들을 위해 주문에 담긴 뜻을 간단하게나마 살펴보도록 하자.

'모두 함께 격려하며 피안으로 넘어가자. 어떤 매개물에 의지할 필요 없이 우리 모두 깨달음의 경지에 이르러 영원히 고요한 지혜의 기쁨 속에 머무르자. 서로 축복하라!'

이 번역을 통해 우리는 《심경》이 아주 따뜻한 일깨움을 주는 경전이라는 걸 알 수 있다. 《심경》은 높고 높은 지혜의 봉우리 위에서 중생들을 내려다보며 수행을 제대로 하지 않으면 지옥에 떨어질 거라 윽박지르지 않는다. 반대로 '덕이 있으면 외롭지 않으니 반드시 이웃이 있다(德不孤, 必有鄰)'라는 공자의 말처럼 중생이 서로 함께 수행하도록 격려한다. 즉 서로 보살피며 나도 이롭고 다른 사람도 이로울 수 있게 하라고 말한다.

지금 시대에는 개인과 개인, 민족과 민족, 국가와 국가가 복잡하고 긴밀하게 연결되어 있다. 그러므로 어떤 일이든 '집 단보다 자신의 이익이 중요하다'라고 생각해서는 안 된다. 오 히려 더 좋은 성과를 얻기 위해서는 '세상과 함께 발전한다' 라는 생각을 가져야 한다.

이 점은 환경 문제를 봐도 알 수 있다. 동남아시아 해변에 버려진 페트병이 대서양까지 떠내려와 바다거북이 몸이 끼 거나 박힌다. 과거 북태평양에서 화물선이 좌초하면서 유실 된 플라스틱 완구 러버덕은 10년 동안 바다 위를 떠다니며 아이슬란드, 하와이 등지에서 발견되었다. 이처럼 모든 게 연 결된 세상 속에서 살면서 개인적인 깨달음에만 몰두할 수 있 을까?

선함은 아무리 먼 곳이라도 전달된다

선량함은 '나비효과'처럼 전 세계에 영향을 미친다. 미국의 유명한 목사 윌 보웬(Will Bowen)은 '불평 없이 살아보기' 캠페인으로 80개국 6백만 명이 깊이 반성하고 깨달을 수 있게 해주었다. 그는 악의적인 비판도 마약처럼 계속 퍼져나가 사람들의 몸과 마음에 상처를 준다고 지적했다.

전 세계를 휩쓴 신종 코로나바이러스가 자신과는 상관없는 일이라고 생각하는 사람은 없을 거다. 물론 단박에 '세상과 함께 발전해야 한다'라는 생각을 갖지 못하더라도 '혼자서 유아독존'하는 게 불가능하다는 건 알 수 있다.

자기 삶이 나아지도록 노력하면서
다른 사람의 삶도 나아질 수 있도록 도와야 한다.

스스로 번뇌에서 멀어지려 하면서
다른 사람도 고통을 받지 않게 도와야 한다.
재물, 지식, 노동력, 사랑을 나누고 공유하는 것은
가장 행복한 베풂이다.

《심경》의 마지막 결론 뒤에 등장하는 주문 '아제 아제 바라아제 바라승아제 모지사바하'는 중생에게 다 함께 보살의 큰 지혜를 배워 번뇌를 초월하고 피안에 이르자고 요구한다. 스스로 깨닫고 다른 사람을 깨닫게 하는 걸 넘어 '모두가 깨닫는 경지'까지 발전해 '충만한 깨달음'을 이루는 것이 성불의 경지다.

모든 마음 공부는 개인의 발전을 넘어 사랑하는 사람, 낯선 사람과 함께 삶의 큰 지혜를 얻는 것이다. 최근 몇 년 동안 나는 일이 바쁜 와중에도 시간을 내어 아픈 어머니를 보살피고, 강의를 신청해 배우는 걸 멈추지 않았다. 때로는 가르치는 신분이 되기도 하고 때로는 배우는 신분이 되기도 하면서 지식을 학습하고 공유했다.

삶의 여정에서 고독을 피하기는 힘들다. 하지만 큰 사랑을 품고 나아간다면 항상 누군가 동행하는 사람이 있을 거라고 깊게 믿는다.

아	제	아	제

바	라	아	제	바	라	승	아	제

揭諦揭諦 波羅揭諦

아 제 아 제 바 라 아 제

波羅僧揭諦

바 라 승 아 제

마음에서부터
행복해지는 연습을 하자

모든 수행은 살아가는 의미와

인생의 사명을 찾는 것이다.

자신의 행복을 찾으면서

다른 사람도 행복할 수 있게 도와야 한다.

《심경》의 다른 부분은 다르게 해석해도 마지막 주문인 '아제 아제 바라아제 바라승아제'는 '가자, 가자. 함께 피안으로 가자'라고 비슷하게 해석한 걸 볼 때마다 내면에서부터 미소가 지어진다.

　《심경》이 '자신만을 위한' 수행이 아닌 뜻이 맞는 사람들과 함께 수행하는 경전이라는 걸 이 부분에서 알 수 있다. 이건 퇴근해서 집안일을 마친 중년 여성들이 밤에 공원이나 운동장에 모여 포크 댄스를 추는 것과 같다. 친구나 배우자들과 함께 춤을 추며 공감대를 이루면 더욱 즐겁듯이 함께 수행하면 굳이 장황하게 말하지 않아도 내면의 영혼이 통하게 된다.

《달라이라마 반야심경(Essence of the Heart Sutra)》에서 달라이라마는 '바라아제'를 직관을 통해 공성을 깨닫는 일이라고 해석했다. 그렇다면 '직관'이란 무엇일까? 직관은 눈, 귀, 코, 혀, 몸, 의식의 경험이나 이성의 논리를 사용하지 않고 직접 공성을 깨닫는 걸 말한다. 그러니 만약 '직관'으로 세상의 일을 판단해 처리할 수 있다면 매 순간 후회하지 않는 결정을 할 수 있다.

선택해야 하는 순간마다 마음을 밝혀 자신의 본성을 기초로 판단을 내려라. 인생을 계획할 때, 취직할 때, 마음을 성장시킬 때, 예리한 직관으로 몸과 마음과 영혼의 조화를 이룬다면 정확한 방향으로 나아갈 수 있다.

'돈이 모든 걸 해결해주지는 못한다'와 '돈이 없으면 아무것도 못한다'

사람들은 스스로 균형을 이루는 걸 가장 어려워한다.

예를 들어 돈에 대한 가치관을 들 수 있다. '돈이 모든 걸 해결해주지는 못한다'와 '돈이 없으면 아무것도 못한다'라는 말을 합쳐 우리는 '돈이 모든 걸 해결해주지는 못하지만, 돈이 없으면 아무것도 못한다'라고 자주 말한다.

하지만 이 두 가지 말은 완전히 다른 인생 가치관이다. 그러니 '돈이 모든 걸 해결해주지는 못하지만, 돈이 없으면 아무것도 못한다'를 인생 가치관으로 삼는다면 내면의 모순으로 괴로워할 수밖에 없다. 매번 결정을 내릴 때마다 모순이 더욱 심해질 테니 고통도 심해진다.

내가 돈을 주제로 강연을 할 때마다 '돈이 모든 걸 해결해주지는 못한다'와 '돈이 없으면 아무것도 못한다' 중에서 자신의 인생 가치관과 가까운 말이 무엇이냐고 물으면 대부분 선뜻 대답하질 못한다.

만약 '돈이 모든 걸 해결해주지는 못한다'를 가치관으로 삼는다면 직업이나 배우자를 선택할 때 돈보다는 내면의 기쁨과 즐거움을 기준으로 삼을 거다.

반대로 '돈이 없으면 아무것도 못한다'를 가치관으로 삼는다면 더 많은 돈을 벌기 위해서 다른 것들을 약간 희생할 각오를 해야 한다. 매일 쉼 없이 야근하는 생활에 원망하지 말아야 한다. 그리고 더 많은 돈을 벌기 위해 건강, 감정, 가족 관계, 심지어 도덕과 양심까지 잃지 않도록 어디까지 희생할지 마지노선을 정해야 한다.

어디서든 베풀고 언제든 내려놓기

인생의 모든 수행은 자신이 살아가는 의미와 인생의 사명을 찾기 위한 것이다. 내면의 가치관에 모순이 없어야 마음에서부터 행복 연습을 할 수 있고, 몸과 마음과 영혼의 균형을 유지할 수 있다.

위에서 말한 돈에 대한 가치관은 그저 하나의 사례일 뿐이다. 일에 대한 가치관, 감정에 대한 가치관, 도덕에 대한 가치관…… 이 모든 걸 종합하면 인생관으로 귀결된다. 그러니 자신의 행복을 찾으면서 다른 사람도 행복할 수 있게 도와야 한다.

지혜가 많아지면 모든 각도를 고려해 취사선택을 할 수 있다. 그러므로 조화와 균형을 이룰 수 있고, 온건한 품격을 가질 수 있다. 어떤 상황에서든 자신이 '깨달을 수 있는' 상태에 있다는 걸 알고, '자성은 모두 공이다'를 상기하면 자신의 이익만을 위해 노력하지 않게 된다. 다른 사람이 필요로 하는 게 무엇인지 신경 쓰며 어디서나 베풀고 언제든 기꺼이 내려놓을 수 있다.

중생의 번뇌와 보살의 지혜를 구분하지 않고 '지혜만 얻으면 번뇌로 괴로워하지 않을 수 있다'라는 생각을 버리면 함께 수행하고 깨달아 모두가 피안에 이를 수 있다.

삶의 여정에서 고독을 피하기는 힘들다.
하지만 큰 사랑을 품고 나아간다면
항상 누군가 동행하는 사람이 있다고 깊게 믿는다.

바라승아제,
큰 사랑의 여정은 절대 외로울 수 없다

큰 사랑의 여정은 절대 외로울 수 없다.
설사 잠시 가족, 친구들에게 인정받지 못하더라도
타고난 사명을 알고 다른 사람을 격려할 수 있다면
용감히 앞을 향해 전진할 수 있다.

나는 귀의해서 정식 불교 신도가 되었지만, 스스럼없이 다른 종교인들과 접촉하고 평등하게 대한다. 종교가 다르다는 건 믿는 방식의 차이일 뿐 우주의 충만한 빛과 사랑에서 기원했다는 건 같다.

강의할 때도 경전의 의미를 되도록 쉽게 해석하려 한다.

그리고 《심경》의 마지막에 등장하는 '아제 아제 바라아제 바라승아제'는 성장캠프에서처럼 함께 외치며 강의 핵심 내용을 다시 상기하고 격려하는 용도로 활용한다.

'바라아제' '바라승아제'는 '승(僧)'자 한 글자 차이만 있다. 그러니 오디션 프로그램 심사위원들이 가사마다 창법을 다르게 해야 한다고 말하는 것처럼 읊을 때 강조를 다르게 해야 한다. 중복되는 마지막 가사에서 톤을 높여 더 많은 감정을 실어야 하는 것처럼 말이다.

'승'은 대중이라는 의미로 '자신만 생각하지 말고 모두와 함께 공감하라! 다 함께 피안으로 나아가라!'라는 의미다. 이렇게 모두가 함께 자비의 배를 타고 피안으로 가기 위해서는 먼저 '나를 알고 타인을 아는 것'에서부터 시작해야 한다. 자기 능력을 파악하고 다른 사람의 필요를 통찰해야 한다.

아직 체력이 있을 때
주저 말고 자신을 사랑해라

대만에서 노인들이 오토바이 대장정을 한 것처럼 전 세계에는 자신의 인생 가치를 지키며 당당하게 살아가는 실버족들이 있다.

인터넷에서 조금만 검색해보면 '미국 83세 노인 철인 3종 경기에 도전', '미국에서 가장 나이가 많은 작업자는 102세 노인', '오스트레일리아 99세 노인 100미터 경기에서 우승', '미국 노인 3개월 동안 바다 위를 표류하다 기적 생환', '일본 100세 노인 수가 다시 한번 경신되었으며, 그중 84퍼센트가 여성', '영국 88세 노인 하나밖에 없는 다리로 비행기 날개 위에 서기 성공', '이란 73세 노인이 대학 입학시험에 응시'와 같은 사례들을 찾을 수 있다.

매번 신문에 실린 실제 사례를 볼 때마다 노인들의 용기와 능력에 감탄하면서 한편으로는 '자신을 사랑하는 것'은 일찍 시작해야 한다는 점을 상기한다. 나이의 한계에 부딪힐 때까지 기다리지 말고 지금 당장 행동에 옮겨야 한다. 아직 체력이 남아 있을 때 주저하지 말고 용감히 나서 '자신을 사랑해야 한다.'

나이가 얼마나 많든 스스로 깨닫는 걸 중요하게 생각해라.
지금이라도 '자신을 사랑하는 법'을 배운다면 늦은 게 아니다.
지금 바라는 것을 이루기 위해 전력으로 노력하는 데 늦은 건 없다.

요즘 청년들은 생각과 행동에서 두 가지 극과 극으로 나뉜다. '진정한 내가 되고', '자신을 찾기' 위해서 용감히 세계 각지로 나아가는 청년들도 있고, 실패가 두려워 도전하기보다는 '캥거루족'으로 살아가며 '자신의 진짜 모습을 대면하려 하지 않는' 청년들도 있다.

자신을 사랑하는 법을 배우는 데 너무 늦은 때란 없다.

잠시 가족, 친구들에게 인정받지 못하더라도

이전에 진행하는 라디오 프로그램에서 팬터마임 공연 예술가인 야오상더(姚尚德)를 인터뷰했다. 대학에서 영문학을 전공한 뒤 교육 관련 일을 하던 그는 영국에 가려고 계획하다가 운명에 이끌려 파리로 가게 된다.

그는 어학원에서 공부하면서 다양한 무대극을 보게 되었고, 프랑스 제 3대학 연극과 진학을 결심한다. 연극과에 진학한 야오상더는 가족들이 충격받지 않도록 경영학을 배우고 있다고 거짓말을 한다. 그리고 돌아와 무대 공연을 시작하면서 가족들에게 앞으로 연극 공연할 거라는 사실을 솔직하게 털어놓았다.

가족들에게 '응원은 할 수 없지만 반대도 하지 않겠다'라는 대답을 들은 그는 팬터마임 공연 예술가의 길을 묵묵히 걸어간다. 그리고 '원먼 무용단 방랑객 프로젝트'의 지원을 받게 되면서 바라던 대로 중국 각지에서 공연을 할 수 있게 된다.

이상을 실천할 용기를 가져라. 잠시 가족, 친구들에게 인정받지 못하더라도 타고난 사명을 알고 다른 사람을 격려하며 용감히 앞을 향해 전진해 나아가라.

공연 경험을 이야기하는 야오싱더의 목소리는 생명의 에너지로 가득했고, 그의 눈동자는 사랑과 감동으로 반짝였다.

팬터마임 공연은 대중화되지 않은 탓에 변수가 많지만, 그는 수입에 크게 연연하지 않으면 계속 공연해나갈 수 있다고 믿고 있다.

함께 걸어가는
성불의 여정

당시 야오상더의 인생 이야기는 이제 막 시작되고 있었다. 그래서 나는 그의 인생이나 팬터마임 공연의 미래가 어떠할지 판단할 수 없었다.

그렇게 인터뷰를 하고 3년 뒤 야오상더가 청소년 시기 성폭행당했던 사실을 털어놓은 기사를 봤다. 그는 성인이 된 뒤 과거의 상처에서 벗어나려 정신과 의사, 심리상담가, 영혼 치료사를 찾아가 크고 작은 도움을 받았고, 공연 창작 활동과 자아 인식을 통해서 서서히 과거의 상처를 지울 수 있었다.

그는 '뉘런미(女人迷)' 여성 커뮤니티 인터뷰에서 이렇게 말했다.

"우리는 항상 문제를 해결하려고만 합니다. 하지만 문제는 해결하는 게 아니라 '바라보는 것'입니다. 때로는 문제를 어떻게 바라보는지가 문제를 해결하려는 것보다 더 중요합니다."

이것이 그가 용감히 '자신을 사랑하는' 방식이다. 그는 공연 예술가이지만 자신의 이야기를 지나치게 '희극적'으로 표현하려 하지 않는다. 어떤 사람이나 어떤 일도 어린 시절 상처를 치유할 유일한 해법이 될 수 없는 만큼 그는 상처와 동행하는 방법을 선택했다.

당장 상처를 완전히 치료하지 못하지만, 최소한 매 순간 상처를 대면하면서 자신의 용기를 상기할 수 있고, 다른 비슷한 상처를 지닌 사람에게 새롭게 인생을 대면하라고 격려할 수 있다.

치보린(齊柏林) 감독의 항공촬영 다큐멘터리 〈타이완을 보다(看見台灣)〉는 충격적이고 현실적인 방식으로 자연을 사랑하라고 호소한다. 환경 오염은 인류 모두의 책임이다. '두께가 석 자나 되는 얼음은 하루 추위에 얼 수 없다(冰凍三尺, 非一日之寒)'라는 말이 있다. 환경이 오염되고 있는 지금의 상황을 바꾸기 위해서는 긴 시간이 필요한 만큼 소수의 사람이 고군분투한다고 이뤄질 수 있는 일이 아니다. 집단적인 의식과 힘이 모여야 환경과 사람의 마음을 치료할 수 있다.

비록 치보린 감독은 항공촬영 중 불운의 사고로 세상을 떠났지만, 이 땅과 사람들에게 큰 사랑을 남겼다.

숭고한 이상을 가진 사람은 잠시 고독할 수 있다! 하지만 계속 소통하며 모두에게 자신의 이상이 개인의 사리사욕을 위한 게 아니라는 걸 알려주고, 모두가 더 나은 방향으로 나아갈 수 있다고 격려한다면 언젠가 인정과 지지를 받을 수 있다. 그리고 그때 비로소 진정한 영향력을 발휘할 수 있다.

차안에서 피안으로 가자! 이것은 큰 사랑으로 가는 여정이자 인류가 모두 행복하길 바라는 마음인 만큼 절대 고독할 수 없다. 이상으로 군중을 설득하고 뜻이 맞는 동료와 서로 응원하며 나아간다면 성불의 경지에 도달할 수 있다.

| 모 | 지 | 사 | 바 | 하 |

菩提薩婆訶

모 지 사 바 하

매일매일,
조금씩, 더

수행 공부는 마음에서부터 시작해
꾸준히 전진하는 게 가장 중요하다.
사람이 동경할 만한 경지는
스스로 번뇌가 없는 피안에 이르는 것이다.

'노래의 신(歌神)'이라 불리는 장학우(張學友 장쉐여우)의 노래 중에 〈매일 너를 더 많이 사랑해(每天愛你多一些)〉라는 곡은 '그리고 매일, 매일 나는 당신을 더 많이 그보다 더 많이 사랑할 것입니다. 나는 당신을 가장 사랑합니다, 이 생에서 나와 함께.'라고 노래한다.

사랑하는 사람뿐만 아니라 자신을 사랑하는지도 돌아볼 수 있게 해주는 노래다. 자신을 사랑한다는 건 좋은 음식을 먹고 화려한 옷을 입는 게 아니라 꾸준히 깨달으며 정진해 나아가는 일이다.

　나에게 '수행'이란 지금 하는 방식을 꾸준히 하는 걸 말한다. 우연한 경험을 통해 순간 크게 깨달을 수도 있고 어떤 이치를 순식간에 깨달을 수도 있다. 하지만 그런 깨달음을 얻으려면 행운이 따라주어야 한다. 그러니 어느 한순간에 깨닫는 '돈오'를 기대하기보다는 꾸준히 노력해 서서히 깨닫는 '점오(漸悟)'를 추구하는 게 낫다.

　한번은 상하이 출장을 갔는데 친구들이 온라인 쇼핑몰 '타오바오(淘寶, 보물찾기라는 뜻-역주)'에는 없는 게 없다면서 계정을 빌려줄 테니 쇼핑을 해보라고 했다. 그러면서 이 보물섬에 들어가면 빈손으로 돌아와서는 안 된다는 말도 덧붙였다.

　친구들의 성화에 못 이겨 30분 남짓 타오바오를 구경하던 나는 전리품(?)으로 《매일 조금씩 전진하기(每天進步一點點)》란 책을 구입했다. 친구들은 내가 책을 산 이유를 궁금해했는데 사실 간단했다. 책의 제목이 마음에 들었고, 이 책을 읽고 매일 조금씩 전진하면 좋겠다고 생각했기 때문이었다.

　모국에 돌아와 책을 자세히 읽어보니 작가는 365개의 짧은 이야기를 소개한 뒤 자신이 깨달은 내용을 독자들과 공유했다. 나는 독자들이 책에 이야기를 읽을 때마다 자신이 깨달은 내용을 적는다면 조금씩 발전할 수 있을 거라는 생각이 들었다. 비록 너무 작은 발전이라서 체감되지는 않겠지만, 1년 뒤에는 괄목할 만한 성장을 할 수 있을 것이었다.

나는 외국 기업에서 근무할 당시 영어 소통 능력이 필요해 〈공중영어교실(空中英語教室)〉을 신청해 매일 30분씩 강연을 들었고, 몇 년 뒤 실력이 굉장히 향상되었다. 물론 오랜 시간 외국에서 거주한 사람만큼 잘하지는 못했지만, 업무에 필요한 소통은 할 수 있었다.

열반은 어떻게
도달할 수 있을까?

수행에서 가장 중요한 건 마음에서 시작해 꾸준히 진행해 나가는 것이다. 사람은 번뇌가 없는 피안에 도달하는 경지에 이르길 바란다. 하지만 피안은 어디에 있을까? 무슨 방법으로 도달할 수 있을까?

이것은 아주 훌륭한 질문이다.

사람마다 정진이 필요한 부분이 다르다. 더 침착해지는 법을 배워야 하는 사람도 있고 더 적극적으로 노력하는 법을 배워야 하는 사람도 있으며, 다른 사람을 위할 줄 아는 법이나 자신을 더욱 생각할 줄 아는 법을 배워야 하는 사람도 있다. 형식적인 겉모습에 쉽게 흔들리는 사람도 있고, 스스로 깨닫는 능력이 부족한 사람도 있다…….

그래서 세밀하게 보면 각자 배움이 필요한 부분이 다르지만, 한가지 공통점이 있다.

바로 모두 책임을 지는 법, 번뇌를 내려놓는 법을 배워야
한다.

이 배움은 끝이 없는 만큼 사는 동안 매일 매일 조금씩 전
진해야 한다.

하지만 끝이 없다는 이유로 영원히 도달할 수 없을 거라
생각해서는 안 된다.

매일 한 발자국씩 전진할 때마다 '피안'은 더욱 가까워진다.

충만하고 완벽한
마지막 마디

마침내 《심경》의 마지막 말인 '모지사바하'까지 이르렀다.

기독교를 믿는 독자들은 '모지사바하'가 '할렐루야!'와 비슷하다고 생각할지 모르겠다. 그동안 《심경》을 셀 수 없을 만큼 많이 읽어온 나는 '모지사바하'의 발음과 뜻이 모두 흠잡을 데 없이 완벽하다고 생각한다.

'차안'에서 '피안'에 이르거나, 고개만 돌리면 피안이라는 '회두시안'을 발견하는 건 끝없이 긴 여정과 같다고 생각한다. 하지만 부처는 그렇게 생각하지 않았다. 그가 말한 '모지사바하'는 정진하기로 결심하는 것만으로도 정각을 빠르게 이룰 수 있으며 깨달음의 충만한 경지에 이를 수 있다는 의미다.

도표 그림으로 《심경》의 맥락과 중요 내용을 쉽게 이해하도록 정리한 《도해심경(圖解心經)》이란 책이 있다. 저자 장훙 스(張宏實)는 고대 인도 경전인 《리그베다(Rigveda)》와 《우파 니샤드(Upanisad)》의 견해를 인용해 '사바하'를 '두 손으로 공물을 들어 타오르는 불 속에 안치해 신에게 바친다'라는 의미로 그렸다.

'사바하'는 결말이자 축복하는 말로 '굳건해 바뀌지 않는' 바람과 승낙을 담고 있다.

이 얼마나 공경스러운 태도이고 아름다운 축복인가. 매번 《심경》을 낭독할 때마다 우리는 가장 아름다운 자태, 가장 깊은 지혜로 가장 덧없는 세상과 대면하고 용감한 자신이 될 수 있다. 설사 악으로 가득한 세상을 살아가더라도 사랑이 충만한 마음을 가질 수 있다면 인간 세상의 정토를 지킬 수 있다.

《반야심경》을 낭독하여 사랑이 충만한 마음을 가질 수 있다면,
우리는 덧없는 세상과 대면하는
가장 아름다운 자태의 가장 용감한 자신이 될 수 있다.

참고 도서 목록

《심경신역(心經新釋)》 성옌법사 저, 파구문화(法鼓文化)

《도해심경(圖解心經)》 장훙스 저, 샹스문화(橡實文化)

《반야심경(般若心經)》 오쇼 라즈니쉬 저, 먀오룬 출판(妙倫出版)
　　― 국내 출간, 이윤기 역, 섬앤섬, 2010

《반야심경(般若心經)》 청궁랑(程恭讓), 둥추(東初) 역, 포광문화(佛光
　　文化)

《달라이라마 반야심경(Essence of the Heart Sutra)》 텐진 갸초 저, 위안
　　선출판(圓神出版) ― 국내 출간, 주민황 역, 하루헌, 2017

《심경수희(心經隨喜)》 후란청 저, 루궈출판(如果出版)

《반야심경》10문 10답

Q. 아시아에 널리 알려진 《심경》은 어디서 유래했나요?

A. 260자로 구성된 《심경》은 당나라 시대 현장법사가 번역한 것입니다. 현장법사는 열세 살 때 출가해 정관연간(貞觀年間 627년)에 인도로 떠난 뒤, 무려 17년 동안 5만 리가 넘는 거리를 이동했습니다. 그리고 장안에 돌아와서는 불경 번역에 힘써 총 불경 75부, 1천3백35권을 번역했습니다. 649년에 번역된 《심경》은 당시 번역된 불교 경전 중 일부로 가장 널리 알려지며 깊은 영향을 미쳤습니다.

Q. 《심경》 한문 번역본마다 차이점이 있나요?

A. 길이와 구조로 구분해보면 《심경》은 광본(廣本)과 약본으로 나뉩니다. 현장법사의 번역본의 전체 명칭은 《반야바

라밀다심경》으로 약본에 속합니다. 또 다른 약본인 요진(姚秦) 시대에 구마라습이 번역한 《마하반야바라밀대명주경》이 현장법사의 번역본보다 2백여 년 먼저 번역되었습니다.

광본의 경우 길이와 구성이 비교적 완전한 다섯 종이 있으며, 이외 다른 번역본은 유실된 상태입니다. 현재까지 전해져오는 번역본 중에서 가장 오래된 것은 《마하반야바라밀대명주경》이고 가장 널리 알려진 것은 《반야바라밀다심경》입니다.

Q. 《심경》은 어떻게 구성되어 있나요?

A. 대다수 불교 경전은 '서분', '정종분', '유통분'으로 구성되어 있습니다. 현재 용어로 설명하면 '서분'은 서론이고 '정종분'은 핵심 또는 본문이며 '유통분'은 결론입니다. '관자재보살'에서부터 '모든 고액을 건넜다'까지 서분이고, '사리자'부터 '아뇩다라삼먁보리를 얻는다'까지가 정종분, '그러므로 반야바라밀다'부터 '모지사바하'까지가 유통분입니다.

Q. 《심경》과 비슷한 내용을 가진 다른 경전이 있나요?

A. 260자로 구성된 《심경》의 내용은 《대반야경》 중의 〈관조품(觀照品)〉, 〈공덕품(功德品)〉, 〈지근품(持勤品)〉 등 단락에서 소재를 구해 요약하고 새롭게 조합한 것입니다. 그리고 가장

마지막 주문은 《다라니경집(陀羅尼經集)》에서 취했습니다. 이렇게 핵심 내용을 축약한 이유는 부처의 가르침을 더욱 널리 알리기 위한 것으로 지금 출판업계 용어를 쓰자면 '축약본', '문고판', '포켓북'이라고 할 수 있지요.

Q. 《심경》의 주요 정신은 무엇일까요?

A. 이름에서 알 수 있듯이 《심경》(산스크리트어로 hrdaya sutra)의 '심(ɪʊ hrdaya)'은 원래 심장, 간장(肝臟)이란 뜻으로 '핵심', '요점', '정수'로 의미가 넓혀졌습니다. 그러므로 《심경》은 여러 경전의 핵심을 취합해 인생의 가장 중요한 도리를 다룬다고 볼 수 있습니다. 《심경》은 간단하면서 온화한 말로 인생부터 우주까지의 진상은 모두 공이라고 해석하며, 아집과 번뇌를 내려놓고 생사의 윤회에서 해탈해 피안에 이르라고 중생을 격려합니다.

Q. 《심경》은 불교 종교관을 바탕으로 하고 있나요?

A. 《심경》은 불교를 바탕으로 하고 있습니다. 하지만 불교 교리가 인생의 거의 모든 걸 다루는 만큼 《심경》도 인생의 이치를 말한다고 볼 수 있습니다. 그래서 《심경》은 종교의 경계를 넘어 개인 수행, 처세의 철학, 인간관계 및 탄생과 죽음의 문제까지 배우는 데 폭넓게 응용될 수 있습니다.

Q.《심경》에 담긴 내용은 부처의 계시이자 부처가 직접 남긴 말인가요?

A. 불경은 주로 세 가지 방식을 띱니다. 첫째, 부처가 직접 한 말. 둘째, 보살이나 성문제자(聲聞弟子, 부처의 설법을 들은 제자-역주)가 부처를 대신해 한 말. 셋째, 성문제자나 보살이 부처의 자비로운 힘을 받아 한 설법.

그렇다면《심경》은 어떤 방식에 속할까요? 지금까지 제가 배운 바에 따르면《심경》은 부처가 직접 사리자에게 말하는 형식을 띠고 있습니다. 하지만 불교 학문을 연구한 사람들은 《심경》의 '서분'은 보살이나 성문제자가 부처를 대신해 한 말이고, '정종분'은 성문제자나 보살이 부처의 자비로운 힘을 받아 한 설법이라고 주장합니다. 그래서 이 입장을 지지하는 학자들은 관세음보살이 사리자에게 한 말이라고 본다.

이런 관점 중 어느 것이 사실인지는 학자와 전문가들이 계속 연구 토론해야 할 문제입니다. 다만《심경》이 부처의 가르침을 바탕으로 하는 만큼 그가 가르친 내용과 정신을 배울 수 있는 것은 분명합니다.

Q.《심경》을 낭독하면 좋은 점이 있나요?

A. 저의 경우 아버지가 세상을 떠나신 뒤 진지하게《심경》을 낭송하며 안에 담긴 뜻을 배우기 시작했습니다. 개인적으

로 《심경》을 낭송하면 마음이 평온해지는 걸 느낍니다. 물론 《심경》에 담긴 내용과 핵심 뜻이 세상을 살아가는 데 중요한 깨달음을 주기도 했지요. 그래서 주문과 경전에 담긴 힘을 믿고, 마음을 성실히 하고 뜻을 바르게 하면, 재앙을 없애고 복을 기원할 수 있다고 믿습니다.

Q. 《심경》 연구를 통해 모든 일이 공허하다는 걸 깨달은 뒤 부정적이고 소극적으로 변하지는 않았나요?

A. 《심경》에서 말하는 '공성'은 아무것도 없다가 아니라 모든 일과 사물은 인연에 의해서 잠시 출현해 대응하는 관계라는 것입니다. 시간과 공간이 변화하고 입장이 바뀌면 기존 관계도 존재할 수 없는 만큼, 겉모습이나 자기 생각에 집착하지 말라고 강조합니다. 이렇게 지금 이 순간을 중시하는 건 긍정적이고 적극적인 인생 태도입니다.

Q. 삶과 일에 치여 바쁘게 살아가는 현대인에게 《심경》을 낭독하는 게 무슨 의미가 있나요?

A. 바쁘게 살다 보면 인생의 진정한 의미를 잊기 쉽지요. 《심경》은 현대인이 가장 필요로 하는 깨달음을 담고 있습니다. 더욱이 '지구 환경 보호'와 '마음 공부'가 시급한 시대에서 《심경》은 우리가 삶의 진상을 명확하게 볼 수 있게 해주고

현실성 없는 망상에서 벗어날 수 있게 해줍니다.《심경》을 낭독하는 건 자신에게 가장 큰 축복을 내리는 것이자 가장 중요한 깨달을 주는 일입니다.

《반야심경》작은 사전

관자재보살(觀自在菩薩)

관세음보살이자 열반에 이를 수 있는 반야의 지혜로 구속 없이 자유로운 상태(자재)에 도달한 보살이다.(산스크리트어로 '관'은 관찰한다는 뜻의 아바로키타(Avalokita), '자재'는 자유롭다는 뜻의 아슈바라(iśvara)이다)

보살(菩薩)

산스크리트어로 깨달음이란 뜻의 보디(bodhi)와 중생이란 뜻의 사트바(sattva)가 합쳐진 보디사트바(bodhisattva)의 약어. 보디는 보리(菩提)로 읽히며 완전한 지혜, 또는 '각오(覺悟)', '각(覺)'을 말하고, 사트바는 '살타(薩埵)'로 읽히며 감정과 생명을 가진(有情) 중생을 말한다. 그래서 보살, '보리살타(菩提薩

埵)', '각유정(覺有情)'은 깨달음을 추구하는 따뜻한 마음을 가진 중생이란 뜻이다.

관자재보살

《무량수경(無量壽經)》에는 관세음보살과 대세지보살(大勢至菩薩)이 극락정토(極樂淨土)에서 아미타불(阿彌陀佛) 양옆을 모시는 보살로 기재되어 있다. 그래서 아미타불, 관세음보살, 대세지보살을 합쳐 '서방삼성(西方三聖)'이라 부른다. 관자재보살은 '집집마다 아미타이고, 관세음이다(家家阿彌陀, 戶戶觀世音)'라는 말이 있을 만큼 불교에서 가장 많이 알려진 대보살이다.

깊은 반야바라밀다를 행할 때(行深般若波羅蜜多時)

이 문장은 '깊이 행하다' / '반야' / '바라밀다' / '때'로 나누어 볼 수 있다. '반야'는 진리를 통달한 더없이 높은 지혜, '바라밀다'는 피안에 이른다는 뜻이다.

반야바라밀다(산스크리트어로 '쁘라즈냐 빠라미따(Prajñāpāramitā)')

생사를 달관하고 번뇌에서 벗어나 피안에 이르는 큰 지혜를 말한다.
· 얕은 반야: 의식 논리를 통해 얻은 지혜로 '스스로 깨달

는 경지'에 이를 수 있다.

· 깊은 반야: 눈 · 귀 · 코 · 혀 · 몸 · 의식을 초월해 진리를
　　　　 직관할 수 있는 절대적 지혜로 '스스로 깨닫
　　　　 는 것'을 넘어 '다른 사람도 깨닫는 경지'에 이
　　　　 를 수 있다.

조견(照見)

글자 그대로 해석하면 관찰과 체험을 의미하지만 직접 본
다, 또는 '직관(直觀)'으로 해석하기도 한다. 깊은 의미로는 마
음을 깨끗이 해서 자신의 본성을 발견해 심성(心性)을 완벽하
게 보는 걸 말한다.

오온(五蘊)

온(蘊)은 모인다는 의미다. 오온은 '오음(五陰)'이라고도 말
하는데, 사람은 색 · 수 · 상 · 행 · 식 다섯 가지 오온이 모여
이뤄진다.

· 색(色): 모든 사람과 사물 및 그것의 겉모습
· 수(受): 감정, 감각을 통해 받는 느낌
· 상(想): 개괄적인 생각, 이로 말미암은 사랑과 미움
· 행(行): 행위, 행동, 소행
· 식(識): 분별, 논단, 인식

· 고(苦): 고통, 생사로 말미암은 괴로움

· 액(厄): 고난, 번뇌로 말미암은 고통

여덟 가지 괴로움(八苦)

생(生, 탄생) · 로(老, 늙음) · 병(病, 질병) · 사(死, 죽음) · 애별리고(愛別離苦 사랑하는 사람과 이별하는 괴로움) · 원증회고(怨憎會苦 원망하고 미워하는 사람을 만나는 괴로움) · 구불득고(求不得苦 원하지만 얻을 수 없는 괴로움) · 오음성고(즉 오온으로 말미암은 고통)

사리자(舍利子)

'사리불(舍利弗)'로도 불린다. 부처의 10대 제자 중 한 명으로 지혜가 뛰어나서 '지혜 제일(智慧第一)'이라 불렸으며, 당시 승려들의 모범이자 좋은 스승이었다.

색(色)

사물의 겉모습. 용모와 윤곽, 복장과 얼굴빛, 이목구비와 표정, 신체와 동작 등 보이는 외형을 말한다.

공(空)

모든 사물의 본질은 일시적이고 진실하지 않으며 안정되거나 불변하는 존재가 아니다. 그래서 서로 의존해야 존재할 수 있으며 인연이 모여야 발생할 수 있다.

다르지 않다(不異)

다르지 않다 = 같다. 구별이 없다는 의미다.

곧 ~ 이다(卽是)

여기서 '시(是)'는 '이것'이라는 의미다. 영어에 the 또는 this와 유사한 뜻을 가지고 있다.

수 · 상 · 행 · 식도 또한 이와 같다(受想行識, 亦復如是)

외모, 몸매에 대한 환상이 사라지고 심리적 측면에서 감각, 생각, 행동, 판단도 존재하지 않고 실재하지 않다는 의미다.

모든 법의 공한 상(諸法空相)

세상에 모든 존재하는 형상은 덧없으니 실재가 아니다. 공은 '끊임없는 변화', '영원하지 않은 존재'라는 의미다.

생겨나지 않고 사라지지 않으며, 더럽지 않고 깨끗하지도 않으며, 더해지지도 않고 덜해지지도 않는다(不生不滅, 不垢不淨, 不增不減)

불교 교의에서 아주 유명한 '육불(六不)'이다.

생겨남과 사라짐(生滅)은 육체, 생명이나 물질을 가리킨다. 더러움과 깨끗함(垢淨)은 사람과 사물의 본질을 가리킨다. 더해짐과 덜해짐(增減)은 수량을 가리킨다.

고로 공에는 색이 없고, 수·상·행·식도 없다(是故空中無色, 無受想行識)

'오온'의 본질이 공이라는 걸 완전하게 통찰하고, 더 나아가 '오온'도 존재하지 않으니 벗어나려 애쓸 필요가 없다는 의미다.

육근(六根)

눈·코·혀·몸·의식을 말한다.

육진(六塵)

색(色)·소리(聲)·냄새(香)·맛(味)·감촉(觸)·법(法)을 말한다. 육근과 육진을 합쳐서 십이처(十二處)라고 한다. 인류가 의식하는 모든 인식은 육근과 육진이 서로 호응해 일어나는 작용이다.

안계가 없고 더 나아가 의식계도 없다(無眼界, 乃至無意識界)

눈으로 보아서 인식한 생각을 초월하는 것을 시작으로 '18

377

계(十八界)'를 모두 초월한 것을 말한다. 18계는 '육근' 즉 안계(眼界)·이계(耳界)·비계(鼻界)·설계(舌界)·신계(身界)·의계(意界)와 '육진', 즉 색계(色界)·성계(聲界)·향계(香界)·미계(味界)·촉계(觸界)·법계(法界), 그리고 '육식(六識)', 즉 안식계(眼識界)·이식계(耳識界)·비식계(鼻識界)·설식계(舌識界)·신식계(身識界)·의식계(意識界)이다.

무명(無明)(산스크리트어로 '아비드야(Avidyā)')

삶의 실상을 인식할 수 없어 생겨나는 번뇌를 말한다. 모든 법의 이치를 깨닫지 못하는 일, 선함과 악함, 원인과 결과를 이해하지 못하는 일, 탐욕, 노여움, 어리석음인 탐진치가 생겨나는 것 등으로 말미암은 번뇌다.

12인연(十二因緣)

무명에서 시작해 생과 노사로 끝나는 12가지 단계로, 무명·행(行)·식(識)·명색(名色)·육입(六入)·촉(觸)·수(受)·애(愛)·취(取)·유(有)·생(生)·노사(老死)다. 12인연은 모두 수시로 변하며, '이것이 있어 저것이 있고, 이것이 생겨나 저것이 생겨나는(依此有彼有、此生故彼生)' 관계다.

·무명: 삶은 본질적으로 무상하다는 걸 이해하지 못해서 생기는 번뇌다.

· 행: 과거세의 신행(身行) · 구행(口行) · 심행(心行)으로 만들 어진 모든 선업(善業) 또는 악업(惡業)을 말한다.

· 식: 안식(眼識) · 이식(耳識) · 비식(鼻識) · 설식(舌識) · 신식 (身識) · 의식(意識)을 말한다.

· 명색: 명(名)은 명은 이름만 있고 형질은 없는 걸 말하고 색(色)은 육체로 손과 발 등 모든 게 이미 형성된 걸 말한다.

· 육입: 명색이 형성된 뒤 각종 감각기관과 생각이 모두 생 겨난 걸 말하며 육근(六根) 즉, 안근(眼根) · 이근(耳 根) · 비근(鼻根) · 설근(舌根) · 신근(身根) · 의근(意根) 을 말하기도 한다.

· 촉: 아동이 3, 4세가 되면 육근이 비록 육진과 접촉할 수 있지만, 아직 고통과 즐거움에 관한 생각이 없는 걸 말한다.

· 수: 5, 6세부터 12, 13세까지 육근으로 육진을 분별할 수 있지만 탐음(貪淫)하는 생각은 생기지 않는다.

· 애: 청소년부터 성인이 될 때까지로 18, 19세는 즐거움을 알지만 적극적으로 향락을 추구하지는 않는다.

· 취: 성인이 된 뒤 욕망이 증가하여 얻기 위해 온갖 궁리 를 한다.

· 유: 욕유(欲有) · 색유(色有) · 무색유(無色有)를 말한다.

· 생: 현세의 선업과 악업으로 인해 미래세에 육도(六道, 죽
    어서 머무르는 장소로 지옥, 아귀, 축생, 수라, 인도, 천도-역주)
    와 사생(四生, 4가지 태어나는 유형으로 태생(胎生) · 난생(卵
    生) · 습생(濕生) · 화생(化生)-역주) 중에 다시 태어나는 윤
    회를 말한다.
· 노사: 미래세에서 다시 태어나 성인이 된 뒤 늙어 죽는
    걸 말한다.

고집멸도(苦集滅道)

불교 교리에서 '사제(四諦)'를 말하는데, 여기서 제는 '참뜻',
'진리'를 말한다.

· 고: 생로병사를 비롯한 원만치 못한 삶으로 말미암은 번뇌
· 집: 모든 번뇌와 고통의 원인
· 멸: 번뇌가 사라져 고통을 멈추게 된 것
· 도: 번뇌와 고통을 없애는 방법

번뇌를 없애고 고통을 멈추는 여섯 가지 구체적인 방법은
다음과 같다. 첫째, 자비심으로 조건 없이 베푸는 보시(布施).
둘째, 불교 계율을 지키는 지계(持戒). 셋째, 모든 모욕과 박해
를 참는 인욕(忍辱). 넷째, 수행에 열중해 발전하는 정진(精進).
다섯째, 마음을 고요히 하는 선정(禪定). 여섯째, 근원적 지혜
인 반야(般若, 지혜).

지혜도 없고 또한 얻음도 없다(無智亦無得)

지혜는 진리를 통찰하는 것이다. 첫 시작은 자신을 중심으로 하므로 이것은 또한 번뇌를 지닌 지혜다. 그래서 나중에는 반드시 자신을 내려놓아야 번뇌가 없는 지혜를 얻을 수 있다.

여기서 얻음은 '약간의 수확'을 의미한다. 하지만 우주의 진리를 진정으로 통찰할 수 있게 되면 '빈손으로 와서 빈손으로 간다'라는 의미를 이해하고 '자성은 모두 공이다'라는 이치를 철저하게 깨닫게 되므로 이런 지혜도 모두 필요 없다는 걸 알게 된다.

얻는 바가 없으니(無所得)

오온, 18계, 12인연, 사제에서부터 모든 법은 공이라는 걸 깨닫는 것으로 진정으로 자유로운 해탈이다.

보리살타(菩提薩埵)(산스크리트어로 '보디사트바(bodhisattva)')

보살의 전체 명칭이다. 깨달으려 하는 따뜻한 마음을 가진 중생이자 다른 사람을 깨닫게 하려는 따뜻한 마음을 가진 중생이라 할 수 있다.

걸림(罣礙)

자신을 내려놓고 집착을 내려놓으면 무엇에도 걸림이 없다. 지혜의 배를 타고 피안에 이른 뒤에는 지혜의 배도 버릴 수 있어야 비로소 아무런 걸림이 없을 수 있다.

걸림이 없으므로(無罣礙故)

마음에 아집이 없어 이해득실 때문에 괴로워하지 않는 걸 말한다.

두려움도 없다(無有恐怖)

탄생과 죽음을 이해하고 번뇌를 해탈해 더는 두렵지 않은 걸 말한다.

두려움(恐怖)

《불체경론(佛諦經論)》에는 '다섯 가지 두려움(五怖畏)'으로 악명외(惡名畏 명성이 나빠지는 것에 대한 두려움)·악도외(惡道畏 죽어서 지옥에 떨어져 악귀나 축생으로 전락하는 것에 대한 두려움)·불활외(不活畏 보시해서 생계가 어려워지는 것에 대한 두려움)·사외(死畏 죽음에 대한 두려움)·대중위덕외(大衆威德畏 공개적인 장소나 위엄과 덕망이 있는 사람을 만나는 것에 대한 두려움)를 언급했다.

전도와 몽상(顚倒夢想)

· 전도: 거짓을 진실로 삼고 진실을 거짓으로 삼는 것

· 몽상: 망상

전도와 몽상은 청춘이 영원하길 기대하고 꽃이 시들지 않길 바라며 인연이 생겨나 사라지지 않은 걸 바라는 것이다. 모두 무상의 진리에 부합하지 않는 망상이다.

완전한 열반에 이른다(究竟涅槃)

'완전한'으로 번역된 구경(究竟)은 완전하고 철저하게 이해하다 또는 극치에 이른다는 뜻이다. 열반은 산스크리트어로 '나르바나(Nirvana)'이며 적멸(寂滅), 침식을 의미한다. 또는 완벽한 고요함으로 가득하다는 뜻이다. 그러니 완전한 열반에 이른다는 건 궁극적인 해탈, 철저한 깨달음으로 영원한 기쁨 속에 머무르는 것이다.

삼세(三世)

과거세, 현재세, 미래세

모든 부처(諸佛)

삼세, 십방의 모든 천불을 가리킨다. 과거세에 나타난 부처인 과거불(過去佛) · 현재세에 나타난 현재불(現在佛) · 미래세

에 나타날 미래불(未來佛)

· 과거불: 가섭제불(迦葉諸佛)

· 현재불: 석가모니불(釋迦牟尼佛)

· 미래불: 미륵불(彌勒佛)

반야바라밀다(般若波羅蜜多)

· 반야: 일반적인 총명함과는 다른 큰 지혜

· 바라: 피안, 대안으로 해탈의 의미

· 밀다: 도달한다는 의미

반야바라밀다는 번뇌를 해탈하고 탄생과 죽음을 초월해 피안에 이르는 큰 지혜를 말한다.

아뇩다라삼먁삼보리(阿耨多羅三藐三菩提)(산스크리트어로 '아누따라삼약삼보디(anuttara-samyak-sambodhi)')

'아뇩다라' / '삼먁' / '삼보리'로 나누어 보면 모든 진리의 더없이 높은 지혜다.

· 아뇩다: 더없이 높아 초월할 수 없다는 뜻이다.

· 삼먁: 삼은 음역한 것으로 해석할 필요가 없고 먁은 완전한 진실, 철저하게 올바른 걸 가리킨다.

· 삼보리: 산스크리트어로 '보디(bodhi)'로서, '깨닫다' 또는 '득도하다'라는 의미다. 생사윤회에 얽매이지 않

는 지혜를 깨닫는 것이다.

주문(呪)
특별하고 신비로운 불가사의한 힘을 가진 말이다.

주문을 외다
인도인은 주문을 외우면 축복을 빌고 재앙을 없앨 수 있으며, 신과 소통할 수 있다고 보았다.

밝은 주문이자 더 위가 없는 최고의 주문이자 무엇과도 비교할 수 없는 주문(大明呪, 是無上呪, 是無等等呪)
밝은 주문은 깨달음의 지혜를 말하고 더 위가 없다는 건 초월할 수 없다는 의미다. 그리고 무엇과도 비교할 수 없다는 건 독보적이라서 견줄 데가 없다는 의미다.

진실하여 헛되지 않다(眞實不虛)
우주의 최종적인 진리로 근거 없는 허위가 아니라는 말이다.

아제(揭諦)(산스크리트어로 '가떼(gate)')

'나아가다', '도달하다'라는 의미와 '이미 완성하다'라는 의미를 가지고 있다.

바라아제(波羅揭諦)

강조하는 말로 수행하는 사람은 반드시 피안에 이를 수 있다고 격려하는 의미다. 여기서 바라는 피안이라는 뜻이다.

바라승아제(波羅僧揭諦)

승은 '사람들'을 뜻한다. 사람들이 각기 다른 수행방식을 운용하는 것으로 해석하기도 하고 사람들이 모여 다 함께한다는 뜻으로 해석하기도 한다. 종합해보면 사람들이 계속 정진할 수 있게 격려하는 의미라 할 수 있다.

사바하(薩婆訶)(산스크리트어로 '스바하(svāhā)')

공물을 불에 넣고 태우는 것으로 영원히 꺼지지 않는 불과 바뀌지 않는 굳건한 마음을 비유한다. 불경의 마지막 축복하는 말로서 빠르게 이루어지게 해달라는 의미가 있다.

《반야심경》 해설
우뤄취안 옮김

관자재의 보살이 깊은 선정에 들어가 모든 외관·감각·생각·행동·판단은 덧없으며, 서로 대응하는 관계는 수시로 변화함에 따라 진실하고 영원한 존재가 아님을 깨달았다. '자성은 모두 공이다'라는 이치를 깊이 이해함으로써 번뇌에서 해탈하여 더는 사랑·원망·슬픔·기쁨으로 괴로워하지 않고 생사윤회의 두려움을 건너게 되었다.

사리자여, 형태가 있는 외관과 형태가 없는 허상은 서로 완전히 다른 것처럼 보이지만, 사실은 덧없는 대응 관계로 다르지 않다. 감각·생각·행동·판단도 같은 이치다. 그러니 마음속에 집념이 없다면 감각기관에 제약받지 않을 수 있다.

사리자여, 이 세상의 모든 사람과 사물은 끊임없이 변화한다. 생겨나지 않고 소멸하지 않고 더럽지 않고 깨끗하지 않고 늘어나지 않고 줄어들지 않는 등 '육불(六不)'의 특징을 가지고 있다. 우주에서 영원불변하는 외관·감각·생각·행동·판단은 존재하지 않으며 그 외 눈·귀·코·혀·몸·의식을 통해 서로 대응하는 색깔·소리·냄새·맛·촉감·법도 모두 덧없는 허상이니 변함없는 존재가 아니다. 자기 눈으로 보는 것에서부터 의식으로 판단하는 것까지 모두 쉴 새 없이 변화한다. 모든 18계(안계에서부터 의식계까지)와 12인연에서 나타나는 생사윤회의 상태는 근본이 공허한 허상이다.

태어나고 늙고 병들고 죽는 생로병사는 자연의 현상이다. 이 끝없는 윤회의 고통을 없앨 수 있다면 열반에 이를 수 있다. 집념을 없애기만 한다면 이 모든 일체의 번뇌와 고통에서 벗어나 아주 큰 지혜를 얻을 수 있다. 그리고 마지막에는 깨달은 삶의 지혜까지도 모두 내려놓을 수 있으니 진정으로 더 없이 높은 큰 지혜다. 이로써 더는 번뇌에 시달리거나 두려움에 괴로워하지 않으니 자기 입장을 고집하지 않고 진실이 아닌 망상에 연연하지 않게 된다. 이는 '스스로 깨닫고(自覺)', '다른 사람을 깨닫게 하는 것(覺他)'에서 '모두가 깨닫는(覺滿)' 경지로 정진해 나아가는 것이다.

우주는 시작도 끝도 없으니 삼세에서 모든 천불(千佛)이 내려와 중생을 지도함은 '피안(彼岸)에 이를 수 있는' 지혜를 바탕으로 수행을 거듭해 번뇌를 없애고 생사의 경계를 벗어나기 위함이다. 중생이 피안에 이를 수 있게 하는 지혜는 아주 신비롭고 현명하며 가장 숭고하고 높은 것으로 이 이치를 깨달아 끊임없이 정진하기만 한다면 모든 번뇌와 고통을 없앨 수 있다. 인생은 본래 무상(無常)한 것이다. 이것은 삶의 진실이므로 절대 헛되지 않다. 이에 모두를 피안에 이르게 할 수 있는 지혜의 경전을 말하니 다 함께 한마음으로 읊어보자.

가자, 가자! 다 함께 피안으로 가자. 모두 다 함께 번뇌를 끊고 생사윤회가 없는 피안으로 향해 나아가 충만한 깨달음을 이루자! 축복하자!

고요한 마음을 위한

《반야심경》 필사노트

경전 필사는 묵상하는 일이며
나 자신에게 다정한 일입니다.
필사한 심경을 복사하여 감사한 사람에게
가장 진실한 축복을 전하세요.

觀	自	在	菩	薩
관	자	재	보	살
行	深	般	若	波
행	심	반	야	바
羅	蜜	多	時	照
라	밀	다	시	조
見	五	蘊	皆	空
견	오	온	개	공
度	一	切	苦	厄
도	일	체	고	액
舍	利	子	色	不
사	리	자	색	불
異	空	空	不	異
이	공	공	불	이
色	色	卽	是	空
색	색	즉	시	공
空	卽	是	色	受
공	즉	시	색	수
想	行	識	亦	復
상	행	식	역	부
如	是	舍	利	子
여	시	사	리	자
是	諸	法	空	相
시	제	법	공	상
不	生	不	滅	不
불	생	불	멸	불

관자재보살이 깊은 반야바라밀다를 행할 때 오온(五蘊)이 모두 공허하다는 걸 비추어보고 모든 고액(苦厄)을 건넜다. 사리자여, 색(色)이 공(空)과 다르지 않고, 공이 색과 다르지 않으니 색이 곧 공이고, 공이 곧 색이며 수(受)·상(想)·행(行)·식(識)도 또한 이와 같다. 사리자여, 이 모든 법의 공한 상(相)은 생겨나지 않고 사라지지 않으며,

垢 (구)	不 (부)	淨 (정)	不 (부)	增 (증)
不 (불)	減 (감)	是 (시)	故 (고)	空 (공)
中 (중)	無 (무)	色 (색)	無 (무)	受 (수)
想 (상)	行 (행)	識 (식)	無 (무)	眼 (안)
耳 (이)	鼻 (비)	舌 (설)	身 (신)	意 (의)
無 (무)	色 (색)	聲 (성)	香 (향)	味 (미)
觸 (촉)	法 (법)	無 (무)	眼 (안)	界 (계)
乃 (내)	至 (지)	無 (무)	意 (의)	識 (식)
界 (계)	無 (무)	無 (무)	明 (명)	亦 (역)
無 (무)	無 (무)	明 (명)	盡 (진)	乃 (내)
至 (지)	無 (무)	老 (노)	死 (사)	亦 (역)
無 (무)	老 (노)	死 (사)	盡 (진)	無 (무)
苦 (고)	集 (집)	滅 (멸)	道 (도)	無 (무)

더럽지 않고 깨끗하지도 않으며, 더해지지도 않고 덜해지지도 않는다. 고로 공에는 색이 없고, 수·상·행·식도 없다. 눈·귀·코·혀·몸의 식도 없으며, 색깔·소리·냄새·맛·촉각·법도 없다. 이에 안계(眼界)가 없고 더 나아가 의식계(意識界)도 없다. 무명(無明)도 없고, 또한 무명이 다하는 것도 없다. 더 나아가 늙어 죽는 것도 없고 늙어 죽음이 다하는 것도 없다. 고(苦)·집(集)·멸(滅)·도(道)도 없고

智 (지)	亦 (역)	無 (무)	得 (득)	以 (이)
無 (무)	所 (소)	得 (득)	故 (고)	菩 (보)
提 (리)	薩 (살)	埵 (타)	倚 (의)	般 (반)
若 (야)	波 (바)	羅 (라)	蜜 (밀)	多 (다)
故 (고)	心 (심)	無 (무)	罣 (패)	礙 (애)
無 (무)	罣 (패)	礙 (애)	故 (고)	無 (무)
有 (유)	恐 (공)	怖 (포)	遠 (원)	離 (리)
顚 (전)	倒 (도)	夢 (몽)	想 (상)	究 (구)
竟 (경)	涅 (열)	槃 (반)	三 (삼)	世 (세)
諸 (제)	佛 (불)	倚 (의)	般 (반)	若 (야)
波 (바)	羅 (라)	蜜 (밀)	多 (다)	故 (고)
得 (득)	阿 (아)	耨 (녹)	多 (다)	羅 (라)
三 (삼)	貌 (막)	三 (삼)	菩 (보)	提 (리)

지혜도 없고 또한 얻음도 없다. 얻는 바가 없으니 고로 보리살타는 반야바라밀다에 의해서 마음에 걸림이 없다. 걸림이 없으므로 두려움도 없다. 전도(顚倒)와 몽상(夢想)에서 멀어지게 되어 완전한 열반에 이른다. 삼세(三世)의 모든 부처는 반야바라밀다에 의지해 아뇩다라삼먁삼보리(阿耨多羅三藐三菩提)를 얻는다.

故 (고)	知 (지)	般 (반)	若 (야)	波 (바)
羅 (라)	蜜 (밀)	多 (다)	是 (시)	大 (대)
神 (신)	呪 (주)	是 (시)	大 (대)	明 (명)
呪 (주)	是 (시)	無 (무)	上 (상)	呪 (주)
是 (시)	無 (무)	等 (등)	等 (등)	呪 (주)
能 (능)	除 (제)	一 (일)	切 (체)	苦 (고)
眞 (진)	實 (실)	不 (불)	虛 (허)	故 (고)
說 (설)	般 (반)	若 (야)	波 (바)	羅 (라)
蜜 (밀)	多 (다)	呪 (주)	卽 (즉)	說 (설)
呪 (주)	曰 (왈)	揭 (아)	諦 (제)	揭 (아)
諦 (제)	波 (바)	羅 (라)	揭 (아)	諦 (제)
波 (바)	羅 (라)	僧 (승)	揭 (아)	諦 (제)
菩 (모)	提 (지)	薩 (사)	婆 (바)	訶 (하)

그러므로 반야바라밀다는 아주 신묘한 주문이자 밝은 주문이자 더 위가 없는 최고의 주문이자 무엇과도 비교할 수 없는 주문이라는 걸 알아야 한다. 이에 모든 고통을 없앨 수 있고 진실하여 헛되지 않다. 고로 반야바라밀다 주문을 말하니, 즉 주문을 읊는다. '아제 아제 바라아제 바라승아제 모지사바하.'

필사자:
취산(翠山) 황정은

觀自在菩薩行深般若波
羅蜜多時照見五蘊皆空
度一切苦厄舍利子色不
異空空不異色色即是空
空即是色受想行識亦復
如是舍利子是諸法空相
不生不滅不垢不淨不增
不減是故空中無色無受
想行識無眼耳鼻舌身意
無色聲香味觸法無眼界
乃至無意識界無無明亦
無無明盡乃至無老死亦
無老死盡無苦集滅道無

智亦無得以無所得故菩
提薩埵依般若波羅蜜多
故心無罣礙無罣礙故無
有恐怖遠離顛倒夢想究
竟涅槃三世諸佛依般若
波羅蜜多故得阿耨多羅
三藐三菩提故知般若波
羅蜜多是大神呪是大明
呪是無上呪是無等等呪
能除一切苦眞實不虛故
說般若波羅蜜多呪即說
呪曰揭諦揭諦波羅揭諦
波羅僧揭諦菩提薩婆訶

하루 한 장 마음이 편해지는
반야심경의 말

초판 발행 · 2022년 8월 23일

지은이 · 우뤄치안
발행인 · 이서연
발행처 · (주) 도서출판 길벗
브랜드 · 더퀘스트
출판사 등록일 · 1990년 12월 24일
주소 · 서울시 마포구 월드컵로 10길 56 (서교동)
대표전화 · 02) 332-0931 | **팩스** · 02) 322-0586 | **홈페이지** · www.gilbut.co.kr
이메일 · gilbut@gilbut.co.kr | **대량구매 및 납품문의** · 02) 330-9708

기획 및 편집 · 송혜선(sand43@gilbut.co.kr)
제작 · 이준호, 손일순, 이진혁
마케팅 · 한준희, 김선영, 류효정 | **영업관리** · 김명자, 심선숙 | **독자지원** ·윤정아, 최희창

디자인 · 형태와내용사이
필사자 · 취산(翠山) 황정은

CTP 출력 및 인쇄 · 예림인쇄 | **제본** · 예림바인딩

• 더퀘스트는 ㈜도서출판 길벗의 인문교양·비즈니스 단행본 브랜드입니다.
• 잘못 만든 책은 구입한 서점에서 바꿔 드립니다.
• 이 책에 실린 모든 내용, 디자인, 이미지, 편집 구성의 저작권은 ㈜도서출판 길벗(더퀘스트)과 지은이
에게 있습니다. 허락 없이 복제하거나 다른 매체에 실을 수 없습니다.

ISBN 979-11-407-0087-5 (03190) (길벗 도서번호 040215)
정가 17,500원